LA VUELTA A ESPAÑA EN 80 PLATOS

JUAN RAMÓN OSTA

www.80platos.guiaburros.es

EDITATUM

Diseño de cubierta: © Looking4

Maquetación de interior: © Editatum

Primera edición: Febrero de 2019

ISBN: 978-84-17681-08-1

Depósito legal: M-6786-2019

Impreso en España/ Printed in Spain

Si después de leer este libro, lo ha considerado como útil e interesante, le agradeceríamos que hiciera sobre él una **reseña honesta en Amazon** y nos enviara un e-mail a **opiniones@guia-burros.com** para poder, desde la editorial, enviarle **como regalo otro libro de nuestra colección.**

Agradecimientos

Rosa Milán Ruiz-Henestrosa. Solo este nombre propio puede encabezar mis agradecimientos. Ella, mi abuela materna, grabó en mi corazón a fuego y lágrimas el amor a la cocina, me trasladó unos conocimientos, sentimientos y recuerdos diluidos por la entonces desconocida enfermedad de la memoria. Es a mi abuela, a mis abuelas, a nuestras abuelas, a quienes tenemos que agradecer este suculento legado. A María Francisca Fort, mi abuela catalana, a Leonor Rodado, la abuela de mi mujer; a Lela, (esposa de Paco, grandes gallegos): Abuelas por todos queridas. Este libro es un homenaje a sus conocimientos, un tributo a ese cariño y a ese saber hacer, imposible de traducir en unas simples recetas. Gracias abuelas por todo vuestro amor.

Gracias a mis amigos, que me habéis acogido en vuestras casas y tratado como a un hermano; y a través de los cuales he podido conocer lo mejor de la gastronomía de este país.

Gracias a los bares y restaurantes toda España. Muchos llevan regiones como estandarte y trasmiten nuestra variada cultura gastronómica a todos los rincones. Gracias por vuestro duro trabajo.

A María José Bosch, a Sebastián Vázquez, a Borja Pascual, David Tavío y al resto de equipo de Editatum, gracias.

Sobre el autor

Juan Ramón Osta nació en Jerez de la Frontera en 1978 y reside en Madrid. Su amor por la cocina lo heredó de su abuela, a quién solía ayudar con las elaboraciones cuando la enfermedad del olvido, entonces desconocida, desvanecía su memoria.

Estudió Periodismo en Madrid, en la Universidad Europea de Madrid donde entabló amistades de todos los rincones de España. Vivir en Madrid como estudiante y lejos de su familia le permitió viajar donde el bolsillo de un estudiante podía permitirse; que era la vuelta de la esquina o la casa de un amigo, donde no faltaban un buen plato de cocina tradicional y los mejores productos de la tierra. Así, poco a poco se fue enamorando del arte de los fogones y empezó su pasión como cocinero.

Director, presentador y productor de diversos magacines y espacios radiofónicos especializados en temas sociales, salud y gastronomía; como *El color de la tarde*, (Antena de Plata) *Vivir en Salud*, *Mejor Imposible*, *Emprender y mediar*, etc.

Su último desempeño fue el de co-gerente y cocinero de "El Chiringuito de Perales", durante más de 3 años; una experiencia que, asegura, necesitaba vivir en primera persona para conocer "lo duro y lo difícil que es", y donde aprendió las claves de la hostelería. En 2017 ganó el primer premio de la Feria La Tapa de la localidad frente a profesionales de largo recorrido. Amante de los animales, de la cocina y del sentido del humor. Algo que, dice, "confluye en la cazuela".

Índice

Introducción

En esta guía gastronómica es claro que, respecto a las recetas incluidas, *no están todas las que son* pero *sí son todas las que están*. El recorrido por los platos más tradicionales de nuestra mesa ha incluido recetas de diferentes autonomías destacando aquellas que son más conocidas y aceptadas aunque también he seleccionado otras, tal vez menos conocidas fuera de su entorno, pero con la suficiente enjundia y valor como para merecer una difusión mayor.

Advertirá el lector que hay numerosos "platos de cuchara" debido a que forman parte de épocas en las que este tipo de guisos eran la referencia culinaria más extendida y eso mismo ocurre con arroces o asados, pero su contundencia, sabor, presencia de buen producto y facilidad de ejecución han hecho que perduren en el tiempo y, creo que es obligado que conservemos este legado como patrimonio de una cultura tan propia como es la gastronómica. Lógicamente de muchos de estos platos existen diversas versiones pero he intentado elegir aquellas que me han parecido más "ortodoxas", pero sobre todo aquellas que han demostrado un resultado mejor.

Les dejo para que disfruten de este recorrido por nuestras raíces culinarias y deseo que sirvan estas páginas como homenaje a todas esas cocineras y cocineros anónimos que con el tiempo construyeron este patrimonio y que para ustedes, lectores, les sean de utilidad a la hora de ponerse manos a la obra entre fogones, pucheros y manjares. Les animo a cocinar, es una actividad creativa y relajante y, además, podrá disfrutar y hacer disfrutar a sus familiares y amigos con esos platos de "toda la vida" que nos garantizan exquisitez dentro de una tradición y una memoria de sabores reconocibles que nos es propia. Además son fáciles de ejecutar y sus ingredientes son sencillos de conseguir. No lo dude y adelante.

¡Qué disfruten y buen apetito!

> Todas las recetas están pensadas para 4 ó 5 comensales, salvo que en la misma se indique otra cosa.

Sin Denominación de origen

Muchas de las mejores recetas de nuestro patrimonio gastronómico no tienen un origen claro y, a su vez, están extendidas por toda la geografía española. Vamos a detallar algunas de las más clásicas e imprescindibles empezando por la que, para muchos es la reina, me refiero a la...

Tortilla de patatas

Lo primero e imprescindible es tener buena sartén antiadherente y buenos ingredientes.

🍲 INGREDIENTES PARA 6 PERSONAS

- 2,5-3 kg. de patatas
- 6/8 huevos
- Aceite en abundancia para freír, mejor de oliva...

- Cebolla (opcional)
- Sal

Repito que lo fundamental es contar con una buena sartén con antiadherente, de lo contrario estamos abocados al fracaso.

> 🛈 Para que el huevo no se quede demasiado suelto se pueden machacar algunas patatas y mezclarlo con el huevo hasta espesar la mezcla. Hay quien no estaría de acuerdo pero es como el eterno dilema de cebolla sí, cebolla no...

— Pelamos y cortamos las patatas en rodajas de unos 3 milímetros, podemos usar una mandolina y ahorraremos mucho tiempo. Las pondremos en remojo para que pierdan un poco de almidón.

— Calentamos aceite en abundancia para que cubran las patatas que echemos a freír. En realidad no las freímos, las pochamos, pero no pasa nada si quedan un poco fritas porque al añadir el huevo se ablandarán.

— Escurrimos y dejamos reposar. Batimos los huevos. Mezclamos todo en un cuenco y removemos.

— Calentamos un poco la sartén con una cucharada de aceite.

— Vamos echando la mezcla mientas la movemos un poco por el mango de la sartén, no con una cuchara, para facilitar que no se pegue, esto es un buen truco. Es mejor no llenar del todo la sartén, pues el huevo al cuajarse crece un poco y puede expulsar el aceite y ensuciar la sartén y el fuego.

— Removemos un poco y, con cuidado, intentando integrar todo. Dejamos unos segundos y bajamos el fuego pero no demasiado, pues al enfriarse facilita que se pegue.

— Cogiendo la sartén por el mango, realizaremos movimientos circulares y concéntricos con respecto al centro de la sartén, no demasiado enérgicos, y pararemos la sartén en seco (o incluso moveremos en sentido contrario). La idea es que el contenido, la tortilla, siga moviéndose por la fuerza de la inercia y se despegue del fondo.

— En unos 2-3 minutos estará cuajada por un lado. Volvemos a realizar el movimiento anterior.

— Ponemos un plato grande encima, damos un golpe seco en el mango hacia un lateral y luego hacia el otro para que se despegue del todo.

— A la hora de darle la vuelta, es mejor hacerlo en un lugar donde tengamos la oportunidad de aprovechar el desastre que podamos liar. Damos la vuelta con decisión y cuidado, pues tiende a escurrirse por el lado contrario y/o a escurrir aceite caliente. Ponemos la mano encima del plato que cubre la sartén, la levantamos un poco y le damos la vuelta con decisión y no demasiado rápido.

— Con la tortilla a medio hacer en el plato, la dejamos deslizar sobre la sartén caliente y bajamos a fuego bajo-medio.

— En 2-3 minutos la podemos comer, pero resulta más rica una vez ha reposado.

Croquetas

El truco de una buena croqueta es una bechamel cremosa, por lo que debe llevar la proporción debida de leche y harina. Para un litro de leche son 100 gr. de harina y la misma cantidad de mantequilla.

Otro truco es incorporar los ingredientes del "relleno" y tostarlos en la sartén antes de echar la leche, aunque hay quien infusiona los ingredientes en la leche y la incorpora después de tostar la harina. Es un proceso fundamental para dar a la croqueta el sabor del ingrediente que le de nombre.

Habrá que dejar enfriar la masa en la nevera, hacer canés con dos cucharas o directamente darle forma de croquetas con las manos, pasarlas por harina, huevo batido y pan rallado, y reservarlas.

Las freiremos a 160 grados hasta que queden doradas y las escurriremos en papel absorbente.

Si te fijas bien solo tienes que cambiar el ingrediente principal y ya tienes una croqueta diferente. Los ingredientes tienen que estar ya cocinados antes de añadirlos a la bechamel.

Croquetas de jamón

🔲 INGREDIENTES

- Un litro de leche entera
- 100 gr. de mantequilla
- 100 gr. de harina
- 200 gr. de jamón serrano en tacos pequeños o picado fino

- Una pizca de nuez moscada
- Una pizca de pimienta
- Una pizca de sal
- Aceite para freír
- Harina, huevo y pan rallado

🍲 ELABORACIÓN

— Derretimos la mantequilla en una sartén antiadherente profunda o en una cacerola a fuego suave.

— Añadimos el jamón y lo rehogamos a fuego suave.

— Incorporamos la harina y la tostamos en el aceite tratando de integrarlo todo. Debemos tostarla unos minutos a fuego medio.

— Vamos echando poco a poco la leche, si está templada mejor, mientras removemos con una cuchara de madera. Bajamos el fuego casi al mínimo.

— Continuamos removiendo tratando de no dejar grumos y de que no se agarre al fondo.

— Cuando espese retiramos del fuego y pasamos batidora en el mismo recipiente durante unos segundos. Removemos y disponemos la bechamel espesa sobre una fuente. Esperamos a que se enfríe y la metemos en la nevera hasta el día siguiente o al menos unas horas.

— Hacemos canés o directamente albóndigas con las manos y las pasamos por harina, huevo y pan rallado y las vamos reservando.

— Repetimos la operación hasta acabar con toda la masa.

— Estas croquetas podemos congelarlas y freírlas otro día.

— Para comerlas solo queda freírlas en abundante aceite a 160 grados (potencia media-alta) hasta que queden bien doradas. Escurrimos y esperamos a que se enfríen para no abrasarnos el paladar.

Croquetas de cocido o de puchero

⚖ INGREDIENTES

- Un litro de leche
- 100 gr. de mantequilla
- 100 gr. de harina
- 250 gr. de carnes del cocido o de puchero desmenuzadas

- Una pizca de nuez moscada
- Una pizca de sal
- Aceite para freír
- Harina, huevo y pan rallado

🍲 ELABORACIÓN

— Derretimos la mantequilla en una sartén antiadherente profunda o en una cacerola a fuego suave.

— Añadimos las carnes de puchero o de cocido bien desmenuzadas y las rehogamos a fuego suave.

— Incorporamos la harina y la tostamos en el aceite tratando de integrarlo todo. Debemos tostarla unos minutos a fuego medio.

— Vamos echando poco a poco la leche, si está templada mejor, mientras removemos con una cuchara de madera. Bajamos el fuego casi al mínimo.

— Continuamos removiendo tratando de no dejar grumos y de que no se agarre al fondo.

— Cuando espese retiramos del fuego y pasamos batidora en el mismo recipiente durante unos segundos. Removemos bien y disponemos la bechamel espesa sobre una fuente. Esperamos a que se enfríe y la metemos en la nevera hasta el día siguiente o al menos unas horas.

— Hacemos canés o directamente albóndigas con las manos y las pasamos por harina, huevo y pan rallado y las vamos reservando.

— Repetimos la operación hasta acabar con toda la masa.

— Estas croquetas podemos congelarlas y freírlas otro día.

— Para comerlas solo queda freírlas en abundante aceite a 160 grados (potencia media-alta) hasta que queden bien doradas. Escurrimos y esperamos a que se enfríen.

Albóndigas

Estas bolas de carne frita, del tamaño aproximado a una pelota de golf, cocinadas con diferentes salsas, son un clásico de nuestra cocina que, además, puede presentar muchas variantes excelentes. Veamos algunas.

Albóndigas a la jardinera

📖 INGREDIENTES

- 800 gr de carne picada
- Caldo de carne
- Una zanahoria grande
- 2 cebollas medianas
- Una taza de guisantes
- 3 dientes de ajo
- Una cucharada colmada de harina

- Un vaso de vino blanco
- Alrededor de 80 gr. de pan rallado o 100 gr. de miga de pan picada fina
- Harina para freír
- 2-3 huevos
- Abundante aceite para freír
- Sal

🍴 ELABORACIÓN

— Preparamos la mezcla para las albóndigas con huevos, pan rallado, carne picada, un diente de ajo pequeño picado, una pizca de perejil picado, un poco de pimienta recién molida y media cucharadita de sal. Hacemos las bolas y, previamente pasadas por harina, huevo batido y pan rallado, las freímos en aceite de oliva muy caliente hasta dorarlas.

— Retiramos el exceso de aceite y reservamos las albóndigas.

— Picamos la cebolla y la zanahoria picada en *brunoise* fina.

— Picamos fino el ajo y lo sofreímos a fuego suave, y desde frío, hasta dorarlo.

— Añadimos la cebolla y la zanahoria picadas, añadimos sal con generosidad y subimos el fuego por debajo de la mitad.

— Una vez tome fuerza el fuego, bajamos la potencia casi al mínimo, tapamos y dejamos pochar unos minutos.

— Cuando veamos que la cebolla se ha puesto transparente, añadimos la harina y removemos tratando de integrarla con el resto de ingredientes.

— Antes de que se queme la harina añadimos las albóndigas y, a continuación, el vino y cubrimos con caldo.

— Removemos con cuidado de no romper las albóndigas, tapamos y dejamos cocinar a fuego medio-bajo durante 25 minutos.

— Añadimos los guisantes, removemos, volvemos a tapar y dejamos cocinar otros 5 minutos. Que repose un poco y a comer.

Albóndigas con tomate

🖼 INGREDIENTES

- 800 gr. de carne picada de ternera o mitad de ternera y mitad de cerdo.
- 3 kg. de tomates
- 2 cucharaditas de azúcar
- Una pizca de perejil picado
- Una cebolla
- 2 dientes de ajo
- Un chorrito de vino blanco

- Harina para freír
- Alrededor de 80 gr. de pan rallado o 100 gr. de miga de pan picada fina
- 2-3 huevos
- Un buen chorro de aceite de oliva virgen extra
- Abundante aceite para freír
- Sal

🍲 ELABORACIÓN

— Prepararemos una **salsa de tomate** escaldando y pelando primero los tomates. Una vez pelados, en la misma olla en la que los hemos escaldado, los coceremos con muy poca agua y a fuego bajo durante 40 minutos. Quitaremos todo el exceso de agua, trituraremos los tomates (los podemos pasar por el chino) y reservamos. En una sartén del tamaño adecuado, picamos finamente 2 dientes de ajo; y, desde frío y a fuego medio, doramos los ajos en un buen chorro de aceite de oliva virgen extra. Nada más tomen un poco de color añadimos el tomate triturado y removemos. Bajamos el fuego y dejamos reducir hasta que quede la consistencia casi de un puré. Añadimos dos cucharaditas de azúcar, removemos, probamos el punto de sal y rectificamos y dejamos hervir un minuto a fuego medio.

— Para las albóndigas, en un cuenco o recipiente adecuado, añadimos una pizca de perejil, 2 huevos, un diente pequeño de ajo finamente picado, media cucharadita de sal y la carne picada. Vamos añadiendo el pan rallado hasta integrarlo, y obtener la consistencia de una masa "no babosa". No hace falta añadir todo el pan rallado o quizá sí.

— Hacemos bolas del tamaño de una pelota de pin-pon, enharinamos y freímos a fuego fuerte en abundante aceite caliente.

— Reservamos las albóndigas.

— En una sartén sofreímos, en el aceite justo, las cebollas picadas a fuego suave hasta que queden totalmente transparentes.

— Subimos el fuego y añadimos las albóndigas a la sartén.

— Removemos con cuidado de no romperlas y añadimos un chorrito de vino antes de que se nos queme la cebolla.

— Dejamos reducir un minuto y añadimos el tomate.

— Dejamos cocinar todo junto durante 5 minutos y dejamos reposar, al menos 5 minutos más con el recipiente tapado.

— Antes de servirlas habrá que volverla a remover e integrar la salsa al fuego.

Ensaladilla rusa

🔲 INGREDIENTES PARA 6 TAPAS

- 5 patatas medianas
- 5 o 6 cucharadas de mahonesa
- 1 o 2 zanahorias
- 3 aceitunas
- 2 cucharadas de guisantes
- ½ lata de pimiento morrón
- Una lata de atún
- 1 o 2 huevos cocidos

OPCIONAL

- *Un par de barras de surimi*
- *2 cucharadas de aceitunas sin hueso*
- *Un puñado de gambas cocidas y peladas*

> 🛈 Queda muy bien, es rápido y relativamente sencillo hacer bolas con un instrumento de los que se usan para los helados.

☎ ELABORACIÓN

— Cocemos las patatas y las zanahorias sin piel en abundante agua salada.

— Podemos guardar el agua para cocer los guisantes, que cocinaremos unos 3 minutos en agua con sal.

— Una vez hechas las patatas trituramos con un aparato adecuado o las cortamos con un cuchillo en dados de alrededor de ½ centímetro.

— Añadimos la mahonesa (hay buenas envasada)y removemos con energía; La añadimos poco a poco para no sobrarnos, o añadir más si te gusta con mucha mahonesa.

— Añadimos el atún, el huevo y el resto de ingredientes picados, y removemos. Los guisantes deben ser lo último para que no se rompan.

24

- Removemos, disponemos sobre una fuente, enfriamos y decoramos con mahonesa, huevo, atún, aceitunas, surimi, pimiento morrón, etc.
- Podemos servirla como tapa en bolas como describimos más arriba, acompañada de picos o colines.

Lentejas estofadas

🖩 INGREDIENTES

- 400 gr. de lentejas
- 1 chorizo fresco
- 1 morcilla
- 1 trozo de tocino veteado
- 1 hueso de espinazo
- 1 rama de apio
- 1 nabo
- 1 zanahoria

- Un hueso de jamón
- ½ cebolla
- 4 dientes de ajo
- 1 tomate
- 1 pimiento italiano
- 2 patatas medianas
- Un chorro de aceite de oliva

🍲 ELABORACIÓN

- Hay quien hace un sofrito con la cebolla, el pimiento y el ajo picado.
- La idea es meter todo, salvo las patatas y las hortalizas peladas, en la cacerola con un buen chorro de aceite de oliva, y cubiertas de agua y llevar a ebullición con la tapadera.
- Removeremos bien al principio y, cuando comience a hervir bajamos el fuego y sin dejar de mover, tapamos y dejamos cocinar 20 minutos.
- Probamos el punto de sal y de las lentejas, que no se agarre y probablemente le queden otros 10 minutos.

— En cuanto estén al dente las lentejas, pelamos y chascamos las patatas sobre el guiso, tapamos y dejamos cocinar otros 20 minutos.

Potaje de Vigilia

INGREDIENTES

- 300 gr. de garbanzos
- 350 gr. de bacalao salado
- 300 gr. de espinacas
- Una cebolla grande
- Una cucharada de pimentón
- Un tomate
- 2 dientes de ajo

- 2 huevos
- Una hoja de laurel
- Perejil fresco picado
- Un chorro de aceite de oliva
- Sal

ELABORACIÓN

— Ponemos los garbanzos en remojo durante 14 horas, cambando el agua un par de veces, si es templada mejor.

— Desalamos el bacalao 6-8 horas.

— Tendremos preparada agua caliente.

— Hervimos los huevos, los dejamos enfriar y los pelamos.

— Rallamos el tomate y lo reservamos.

— Doramos el pan en la cacerola con un chorro de aceite de oliva y lo reservamos.

— Picamos la cebolla y el ajo y los doramos a fuego suave en una cacerola con un buen chorro de aceite de oliva.

— Añadimos el pimentón y lo tostamos, momento de añadir el tomate rallado y dejarlo cocinar durante 15 minutos a fuego suave.

26

— Reservamos el sofrito anterior y lo trituramos junto con la rebanada de pan frito y lo reservamos

— Echamos los garbanzos en la cacerola junto con el laurel y el bacalao, lo cubrimos sobradamente de agua caliente, y lo llevamos a ebullición a fuego medio y con la tapadera.

— Dejamos cocinar durante 90 minutos a fuego suave. Tienen que salir burbujas, pero no demasiadas.

— Pasados los 90 minutos los garbanzos podrían estar en su punto, pero puede llevarles otros 10-20 minutos más.

— Cuando los garbanzos estén en su punto, incorporamos la pasta que tenemos reservada del sofrito con el pimentón y con el pan y removemos.

— A continuación añadimos las espinacas limpias y troceadas, removemos en la medida de lo posible y tapamos la cacerola.

— Una vez las espinacas hayan reducido su volumen a menos de una tercera parte, agregamos los huevos cocidos troceados y dejamos cocinar otros 5 minutos con la tapa.

◀◉▶ ¡OJO!

Existe una variante que incorpora una tercera parte de judías blancas y también buñuelos de bacalao, para lo que necesitaremos 3 huevos, 2 rebanadas de pan, una cucharada de perejil, como 50 gramos del bacalao de la cocción y 2 dientes de ajo. Con esto haremos una pasta que freiremos, cucharada a cucharada en abundante aceite caliente. Estos buñuelos los incorporaremos al guiso.

Andalucía

Esta receta, si bien está extendida por toda España, tal vez esté en Andalucía su origen. Hay muchas pequeñas variaciones en su elaboración y aquí voy a daros una receta que resulta exquisita.

Rabo de toro o de vacuno

⚖ INGREDIENTES

- 4 trozos generosos (de la parte alta) o de 8 a 10 si son pequeños (de la parte baja)
- ½ vaso de vino tinto para el guiso y otro para macerar la carne
- ½ copa de brandy o coñac
- 10 granos de pimienta
- 2 zanahorias medianas-grandes
- 2 cebollas
- 2 pencas de apio y, si tiene hojas, mejor
- Una ramita de tomillo
- De 3 a 4 cucharadas de tomate frito casero o una taza de triturado o 2 cucharaditas de concentrado
- Una pizca de comino en polvo
- Una pizca de pimienta molida
- 2 hojas de albahaca
- Sal

🍲 ELABORACIÓN

— Si se trata de carne de toro, tendremos que dejar la carne cortada a macerar el día anterior en una solución de agua hasta cubrir con un par de cucharadas de sal y a la que añadiremos un vaso de vino tinto por cada dos kg. de carne, un ramillete de tomillo y un par de hojas de albahaca enteras. Si es de ternera o vaca no hace falta quitarle el "bravío" pero aun así quedará exquisita.

— Escurrimos, secamos y sellamos la carne en una cacerola con aceite a fuego muy fuerte con un pelín de aceite. Sacamos la carne y la reservamos.

— Si la carne es de toro, en este momento, hay quien la hierve desde frío a fuego medio en abundante agua salada durante 30 minutos y con la tapa. Se deja reposar y continuamos con la cocción que describimos a continuación. Tiraremos el 80 % de ese caldo que estará un pelín "bravío".

— Picamos el ajo, la cebolla y la zanahoria muy finos.

— Quitamos las hebras del apio y lo picamos muy fino. Las hojas las picamos también.

— Freímos el ajo, añadimos el apio, la zanahoria y la cebolla. Una vez hecho este sofrito, añadimos el tomate y dejamos reducir. Cuando tenga la consistencia de una salsa espesa reservamos.

— Siempre podemos usar trucos para espesarlas salsas como añadir un poco de harina.

— Ponemos a hervir agua con sal y añadimos la carne de rabo sellada, que debe cocer a fuego muy suave y tapado durante, al menos, 4 horas. Tiene que echar pequeñas burbujas, y ni muchas ni muchas ni ninguna, este es el **truco**. Si vemos que no está blanda a las 4 horas deberemos subir un pelín el fuego y continuar la cocción. Ojo con pasarnos que se deshace.

— Cuando la carne esté blanda, dejamos reposar y enfriar un poco.

— En una olla ponemos las verduras pochadas, medio vaso del agua de la cocción de la carne y llevamos a ebullición a fuego fuerte.

— Añadimos la carne, los 10 granos de pimienta molidos, la pizca de comino, un poco del tomillo picado, el medio vaso de vino, el coñac.

— Removemos durante 5 minutos bajamos el fuego casi al mínimo y dejamos cocinar otros 10 minutos más.

— Una vez integrados todos los ingredientes podemos espesar al gusto, en caso necesario con la técnica deseada. Hay quien hace un majado con un par de rodajas de pan frito, perejil y un par de dientes de ajo frito. La maicena diluida con un pelín de agua es muy socorrida.

— Tal cual está genial, con su hueso, unas patatitas fritas, su pan de pueblo… Pero, como una de las muchas opciones, se puede desmigar y limpiar la carne, rellenar un canelón, napar con un pelín de bechamel y queso, gratinar y acompañar con la salsa y las verduras; unas croquetas de rabo, etc. El resultado no puede ser menos que espectacular.

Gazpacho

INGREDIENTES

- ½ kg. de tomates maduros y un tomate más para guarnición
- ½ pimiento verde y el otro medio para la guarnición
- Un diente de ajo
- ½ cebolla grande, la otra mitad la reservamos como guarnición
- ½ pepino…
- ¼ de vaso de vinagre de vino blanco (como 7 cucharadas)
- Un buen chorro o dos de aceite de oliva virgen extra
- Taquitos de jamón como guarnición
- Croutones o picatostes como guarnición
- Opcionalmente la miga rallada de media barra de pan y agua
- Sal

— Picamos la guarnición, salvo los picatostes claro, y la reservamos en cuencos separados: 2 tomates pelados y cortados en dados, cebolla picada, picatostes, pepino, el pimiento picado, jamón en dados e incluso huevo cocido picado.

— En un vaso para batidora, de unos 2 litros, o en un robot o procesador de comida añadimos el vinagre, el aceite, sal y el ajo y un chorrito de agua para facilitar el proceso. Trituramos bien y poco a poco, mientras añadimos la cebolla en trozos, el tomate pelado y el pepino.

— Hay quien agrega vinagre y agua, porque le gusta más como bebida refrescante o quien añade un poco de miga de pan para espesar el gazpacho, o ambas cosas, para que sepa menos a verduras.

— El punto de sal también varía mucho pero casi todos estamos de acuerdo en no pasarnos ni de sal ni de vinagre.

— Tal cual en un cuenco con la guarnición y un chorro de aceite de oliva virgen extra está perfecto.

Salmorejo

⚖ INGREDIENTES

- 3 huevos duros
- 1 kg. de tomates
- ¼ de vaso de aceite de oliva virgen extra
- Media taza de jamón ibérico picado fino

- Una cucharadita de sal, (no más, porque lleva el jamón)
- La mayoría utilizamos miga de pan blanco duro, siempre de calidad, para espesar el salmorejo, pero hay quien no está de acuerdo

— Introducimos lo tomates y los ajos, con la sal, en la trituradora o robot de cocina; mientras trituramos, vamos añadiendo poco a poco el aceite para que se ligue con el tomate, hasta conseguir la consistencia de una sopa densa casi de un puré, luego añadimos el aceite.

— Aunque no es muy ortodoxo, mucha gente añade pan para espesarlo. No es mala idea, pero le resta un poco de sabor y protagonismo al tomate. Que me perdonen los puristas pero creo que un buen pan blanco le viene genial para que quede más espeso que una sopa.

— Cocemos, pelamos y picamos los huevos. Picamos el jamón ibérico. Listo para servir en un bonito cuento, plato hondo o tu recipiente favorito. Los ingredientes se ponen por separado: Por un lado el salmorejo, por otro el jamón y por otro el huevo duro. Hay quien lo acompaña de los mismos avíos del gazpacho (cebolla, pimientos, tomate pelado y picado, picatostes, y demás).

— Se sirve frío y en el momento se añade el huevo y el jamón al gusto. En una cuchara de degustación, o varias de ellas dispuestas en un plato, son una presentación ideal.

Cazón en adobo o "bienmesabe"

⊘ INGREDIENTES

- 4 rodajas generosas de cazón
- Harina para freír sazonada con sal (mejor mezclar harina de trigo con harina de garbanzos y añadir aproximadamente una quinta parte de harina de maíz)
- Aceite para freír en abundancia
- Adobo
- 2 vasos de vinagre blanco
- 3 vasos de agua

📊 INGREDIENTES PARA EL ADOBO

- Una cucharada de sal gruesa
- ½ cabeza de ajos machacada
- 2 hojas de laurel
- Una cucharada de orégano

- 2 granos de pimienta entera
- Un chorro de limón
- Una cucharada de pimentón dulce

☎ ELABORACIÓN

— La mezcla del adobo debe estar hecha durante un tiempo antes para que los sabores queden bien integrados. Dejamos el cazón en rodajas sumergido en la mezcla del adobo durante al menos una hora. Si lo dejas mucho tiempo se cocina y quedará muy fuerte, muy avinagrado.

— Escurrimos muy bien y pasamos por la mezcla de harinas con sal, un truco como ya hemos comentado, es meter la harina y la sal en una bolsa, añadir el pescado, mover la bolsa y, al sacarlo, quedará perfectamente enharinado y casi escurrido.

— Calentamos aceite en abundancia en una sartén del tamaño apropiado y, cuando esté bien caliente, eliminamos el exceso de harina. Sumergimos las rodajas de cazón en el aceite caliente y, cuando estén fritas y doraditas, las escurrimos en papel absorbente.

Pescaíto frito

📊 INGREDIENTES

- 1 Kg de pescado fresco
- Abundante harina fina de repostería
- Una cucharada de harina de maíz

- Un puñado o media taza de harina de garbanzo
- Abundante aceite de girasol
- Sal

33

— Elegiremos la selección de pescados para freír que más nos gusten. Normalmente un buen choco, unas acedías, tapaculos, pescadillas o bacaladillas. Limpiaremos las vísceras y, en el caso del calamar o del choco, lo cortaremos en rodajas o en tiras

— Metemos 3-4 tazas colmadas de harina dentro de una bolsa resistente, una cucharada rasa de sal, media taza de harina de garbanzo y la harina de maíz.

— Hay quien tiene el pescado en remojo en agua con hielo y luego lo escurre es un **truco** para que la harina se pegue bienal pescado.

— Cerramos la bolsa y movemos bien para que se mezcle todo bien. Metemos el pescado fresco en la bolsa y movemos de nuevo.

— Dejamos reposar un minuto y volvemos a mover.

— Calentamos aceite de girasol de calidad en una sartén profunda.

— Escurrimos el pescado del exceso de harina con ayuda de un colador grande y lo introducimos en el aceite a fuego medio-alto.

— Dejamos que coja color, momento en el que sabremos que está en su punto.

— Escurrimos y reservamos sobre papel absorbente antes de colocar en una fuente.

Aragón

Huevos al salmorrejo

🗒 INGREDIENTES

- 2 huevos por cabeza
- 1 filete de lomo fresco por cabeza
- ½ o 1 longaniza por cabeza
- 10 gr. de taquitos de jamón o 5 lonchas cortadas en juliana
- 1 espárrago blanco por persona
- 3-6 dientes de ajo, según el tamaño

- Perejil
- Caldo mixto o el que tengamos, pero mejor mixto de verduras y carne, o de *brick*...
- 4-5 cucharadas de harina
- Aceite
- Sal

🥘 ELABORACIÓN

— En una sartén con aceite, a poder ser de oliva, freímos bien las carnes a fuego medio y las reservamos.

— Pelamos y picamos finos los dientes de ajo y los confitamos en el aceite anterior a fuego muy suave.

— En ese momento podemos añadir la harina, removiendo constantemente para que se cocine la harina; y añadimos el caldo y casi todo el perejil.

— Guardaremos parte de la salsa espesada.

— En cuanto espese un poco, disponemos todo en una cazuela de barro, y añadimos los espárragos, las carnes y los huevos crudos. Lo que hemos guardado de salsa lo ponemos por encima, empezando por las yemas.

— Agregamos lo que queda de perejil a la cazuela y la metemos en el horno precalentado a 170 grados y, en cuanto estén la clara del huevo blanca, ya podemos servir.

Pollo al chilindrón

INGREDIENTES

- 5 tomates maduros
- Una cebolla
- 5 dientes de ajo
- 2 pimientos grandes, uno verde y otro rojo
- Un vaso de vino blanco

- 150-200 gr. de jamón de Teruel, en tacos o en lonchas que luego picaremos (yo prefiero lonchas bien picaditas)
- Aceite de oliva
- Sal

ELABORACIÓN

— Si quieres tener preparadas las verduras: pelamos los tomates y los cortamos en brunois (en cubitos) y los reservamos aparte del resto de verduras. La cebolla y los pimientos los cortamos en juliana (en tiras) y picamos 2 dientes de ajo.

— En una cacerola mediana y con dos buenos chorretones de aceite (como medio vaso) freímos 3 dientes de ajo enteros y los retiramos.

— En ese aceite freímos el pollo troceado, dorándolo bien por todos los lados; lo ideal es que quede todo bien tostado, si hace falta habría que hacerlo en varias tandas para asegurarnos.

— Reservamos el pollo.

— En ese aceite freímos los ajos, la cebolla y los pimientos. Cuando estén dorados añadimos los tomates cortados en dados y sin piel y el jamón de Teruel.

— Una vez esté todo bien cocinado, en unos 15 minutos, añadimos el pollo, el vino y meneamos bien la olla o cazuela.

— Dejamos cocinar unos 20-25 minutos a fuego suave y dejamos reposar.

Pollo en pepitoria

Esta receta se solía hacer con gallina, pero he preferido el pollo porque es más fácil de conseguir y no resulta tan duro.

🖩 INGREDIENTES

* Un pollo troceado
* 100 gr. de almendras crudas
* Un vaso de vino blanco
* Un vaso y ½ de caldo de pollo
* 3 huevos

* 2 cebollas
* 2 dientes de ajo
* 4 hebras de azafrán
* 2 rebanadas de pan
* Perejil picado

🍲 ELABORACIÓN

— Pasamos el pollo por harina, lo escurrimos y lo freímos en aceite de oliva a fuego muy vivo para que se dore por fuera.

— Tostamos ligeramente y a fuego suave las almendras y molemos la mitad muy fina y la otra la picamos en el mortero.

— En una cacerola echamos un buen chorro de aceite y freímos el pan, a continuación freímos los ajos y añadimos el azafrán.

— Recuperamos parte de ese aceite, el pan, los ajos y el azafrán y la almendra molida finamente y los trituramos en un mortero, ayudándonos de un poquito del vino en caso necesario.

— En la misma cazuela o cacerola, sofreímos las cebollas a fuego muy suave para que no tomen color oscuro y, una vez quede transparente, añadimos el pollo, el majado, el resto de almendras y el vino, y cubrimos con caldo de pollo.

— Tapamos el guiso y dejamos cocinar a fuego suave durante 35 minutos.

Bacalao al ajoarriero

🍳 INGREDIENTES

- 2 trozos hermosos de lomo de bacalao o el equivalente en bacalao desmigado
- Una cebolla
- 4 dientes de ajo
- Un pimiento verde
- 2 pimientos rojos asados sin piel ni pepitas
- Tomate frito casero o tomate fresco triturado
- Una hoja de laurel
- Una guindilla
- Aceite de oliva
- Sal

--- 🍲 ELABORACIÓN ---

— Desalamos el bacalao (dos días en la nevera cambiando el agua un par de veces al día).

— Lo podemos hacer al vapor, hervirlo (pero perdería sabor en el agua) o en el horno precalentado a 180, tres opciones, pero en esta última durante no más de 5 minutos, pues se reseca.

— Desmenuzamos el bacalao y reservamos el jugo que haya podido soltar (o parte del agua).

— En una cacerola, si es de barro ya de nota, echamos un chorro de aceite de oliva y lo calentamos.

— Echamos 3 dientes de ajo, la guindilla y una hoja de laurel, bajamos el fuego y vamos removiendo para que no se quemen. Cuando estén dorados los sacamos y reservamos. Tiramos la guindilla por si acaso...

— En ese aceite, sofreímos lentamente la cebolla picada, un diente de ajo laminado y los pimientos verdes cortados en cuadrados o en rodajas de alrededor de un centímetro. Removemos y dejamos pochar 10 minutos

— Trituramos el tomate y los dientes de ajo dorados y los añadimos a la cacerola y dejamos cocinar 10 minutos más.

— Añadimos los pimientos asados cortados en tiras y luego el bacalao desmigado.

— Meneamos la cacerola y dejamos reposar a fuego suave 3 minutos. Añadiremos el jugo del bacalao o algo de agua si fuera necesario.

— Servido en cucharitas de degustación, en tostada o en la ya nuestra amiga mini-cazuelita de barro.

Asturias

Cachopo

📠 INGREDIENTES

- 4 filetes grandes de cadera
- 6-10 lonchas de varios quesos (depende del tamaño del filete)
- 250 gr. de jamón de calidad bien cortado
- Harina para enharinar
- Pan rallado
- 2-4 huevos
- Sal

🍲 ELABORACIÓN

— Se trabaja bien el filete con un mazo sobre una tabla, con cuidado de no destrozarlo pero dándole por todos los lados.

— Limpiamos las tirillas blancas de los laterales y lo que pueda aparecer sobrante.

— Salpimentamos ligeramente.

— Ponemos el filete sobre una superficie plana y con papel sulfurado, (como por ejemplo la tabla que ya tenemos), y disponemos el queso encima. Cubrimos bien.

— Se pone el jamón sobre el queso sin que quede un hueco por el que se vea el queso.

— Lo aplanamos todo con cuidado y doblamos el filete por la mitad, a modo de empanadilla y con cuidado de que no se desmorone, que queden sus capas donde les corresponde.

— Lo aplanamos bien y aplastamos, también aplanamos los bordes.

— Tendremos preparado un plato con harina, un recipiente con el huevo batido y otro con el pan rallado.

— Tendremos cuidado de no desmontarlo y, para ello, nos ayudamos de lo que nos venga bien (espátula, lengua, pinzas…) lo pasamos primero por harina y luego por el huevo batido; lo embadurnamos bien por ambos lado con ayuda de una cuchara, escurrimos usando las dos manos y luego lo pasamos por el pan rallado. Cubrimos bien con el pan.

— En abundante aceite caliente freímos a fuego medio el cachopo por los dos lados y listo.

— Como es un señor plato, propongo cortarlo en tiras de alrededor de un centímetro o algo más (deslizando un cuchillo bien afilado y sin apretar) para que queden todas las capas perfectas) y disponemos 2-4 tiras, con mucho estilo, acompañado de unas patatas fritas o patatas "a lo pobre" y pimientos del piquillo salteados.

Fabada Asturiana o Fabes

INGREDIENTES

- 400 gramos de fabes
- El compango que si no lo ves preparado en el súper, aquí tienes lo que lleva:
- Un hueso de jamón
- Un trozo pequeño o de tocino salado o panceta salada
- Un trozo generoso de panceta curada
- Un chorizo asturiano o un chorizo ahumado fresco
- Una morcilla asturiana o ahumada
- 3 hebras de azafrán

41

— Utilizaremos una cuchara de madera o "material blando" y moveremos despacio porque nos podemos cargar esta delicada legumbre.

— Pondremos las fabes en remojo durante 16 horas cubriendo con agua más del doble de lo que ocupan las fabes porque crecen y, si se quedan fuera del agua, se quedan como una piedra. Échale un ojo y rellena de agua si es necesario.

— Ponemos en remojo el tocino, la panceta curada, y el jamón el día anterior.

— En una cazuela ancha echamos las fabes y cubrimos bien con agua, echamos el hueso, el tocino y la panceta y llevamos a ebullición a fuego medio removiendo despacio y con tiento.

— Moveremos la cazuela o cacerola desde el mango de vez en cuando para evitar meter tanto la cuchara, pero no dudes en usarla si es necesario.

— Con un palillo de mesa, pinchamos el chorizo y la morcilla, removemos y los echamos al guiso. Aquí hay quien le da un hervor en agua y los echa al guiso, desechando esa agua.

— Una vez añadamos el chorizo y la morcilla hay que tener cuidado para no romperlos al mover y desespumar de vez en cuando.

— Bajamos el fuego a fuego medio-bajo y tapamos.

— Sacamos una taza de caldo en la que diluiremos 3 hebras de azafrán (sí, puedes usar batidora) y las agregamos al guiso.

— Echamos un buen chorro de agua bien fría, removemos, tapamos, bajamos el fuego.

— Dejamos cocinar durante 90 minutos y vamos repitiendo la operación de echar un chorrito de agua fría, vigilando que quede siempre cubierto de líquido y que no se agarre. Es un **truco** para que la piel se quede bien pegadita y la legumbre entera.

— Sobre la potencia del fuego voy a decir, quizá una obviedad: si vemos que no está soltando alguna burbujita, es que le falta potencia al fuego; y si suelta muchas te estás pasando.

— Transcurridos los 90 minutos probamos de sal y el punto de la legumbre.

— Si no está blandita la legumbre seguimos con la cocción hasta que esté en su punto. No debe tardar mucho más, máximo 25-30 minutos.

Pote Asturiano

INGREDIENTES

- 350 gr. de alubias blancas pequeñas
- 2 chorizos ahumados asturianos
- 2 morcillas asturianas
- 150-200 gr.de panceta salada
- 150 gr. de lacón
- 100 gr. de tocino salado o veteado
- 4 patatas

- Un manojo bien grande de berzas jóvenes
- 2 cebollas (una para el sofrito y otra para las alubias)
- 2 dientes de ajo
- Una cucharadita de pimentón de La Vera
- Sal

ELABORACIÓN

— Pondremos las alubias en remojo durante 14 horas, en abundante agua (ojo que crece mucho y lo que se quede sin cubrir de agua no podrás cocinarlo porque se quedará como una piedra). Hacemos lo mismo con las carnes saladas, como el tocino o la panceta.

— En una sartén aparte, con un par de chorros generosos de aceite de oliva hacemos un sofrito con la cebolla. Una vez pochada con una pizca de sal y desde fuego medio, bajamos el fuego. Añadimos el pimentón y removemos durante 2-3 minutos más, hasta que se tueste el pimentón. Retiramos del calor para que no se queme y reservamos el sofrito.

— Cocinamos las alubias en abundante agua junto con las carnes y el chorizo pinchado. No echamos todavía la morcilla. Las cocinamos tapadas a fuego vivo y una vez comiencen a hervir las destapamos, las removemos y las "asustamos" con un chorrito de agua fría.

— Durante los primeros 30 minutos de cocción a fuego fuerte, tendremos que des-espumar las alubias.

— Será el momento de añadir el sofrito de pimentón y cebolla al guiso y remover.

— Pasados los 30 minutos de cocción de las alubias, bajamos el fuego a potencia media-baja, añadimos las morcillas pinchadas, tapamos la cacerola y dejamos cocinar durante 90 minutos más vigilando que no falte nunca líquido.

— Comprobamos el punto de sal y podemos desgrasar y des-espumar un poco antes de servir.

— Limpiamos las berzas bajo el grifo, desechamos las hojas mustias, les quitamos el tallo, cortamos la hoja a la mitad y las disponemos sobre las alubias, vigilando que estén cubiertas de líquido. Hay quien ahora las hierve durante 5 minutos y las dispone escurridas sobre las patatas chascadas en el guiso; lo normal es cocinarlas en el mismo guiso a fuego medio y con la tapa durante 20 minutos.

— Pasados los 20 minutos añadimos las patatas peladas y chascadas en trozos grandes. Tienen que estar siempre bien cubiertas de líquido y añadir agua en caso necesario pues el resultado debe ser bastante caldoso.

— Comprobamos que las patatas estén tiernas a los 20 minutos y dejamos al fuego un par de minutos más en caso necesario.

Solomillo al cabrales

INGREDIENTES

- 4 trozos generosos de solomillo
- 100 ml de leche entera
- 150 ml. de nata para cocinar (algo más de medio vaso)

- 100-150 gr. de queso de cabrales
- 1 nuez de mantequilla

🍲 ELABORACIÓN

— Derretimos la mantequilla en una sartén mediana a fuego suave, añadimos el queso cortado en trozos, movemos y añadimos la leche sin dejar de remover.

— Una vez caliente subimos el fuego y movemos más enérgicamente.

— En una plancha, brasa o sartén, sellamos la carne por ambos lados durante un minuto a fuego fuerte. Bajamos el fuego a fuego medio y lo cocinamos minuto y medio o 2 minutos por cada lado y lo apartamos del fuego.

— Salseamos y reservamos el sobrante en un salsero.

— Con patatas panaderas, patatas a lo pobre o con patatas fritas quedan *de muerte*.

Islas Canarias

Los mojos canarios son salsas excelentes que se pueden añadir a gusto en muchas elaboraciones. Aquí van las dos más populares: mojo picón y mojo verde.

Mojo picón

🍳 INGREDIENTES

- Una cucharadita de comino
- Una cucharada de pimentón dulce
- 4 cucharaditas de vinagre o una cucharada y media
- 10-12 cucharadas de aceite de oliva virgen extra
- 6-10 dientes de ajo, dependiendo de lo picantes que sean y de cómo lo queramos de picante

- 2 pimientas piconas, en su defecto 1-2 guindillas picantes o 3-4 pimientas cayenas
- Sal gorda
- Opcionalmente 1 cucharada o 2 de pimentón picante (en el caso de que lo queramos más picante)

🍲 ELABORACIÓN

— Podemos simplemente introducir todos los ingredientes, (ajos pelados y pimientas despepitadas) en un robot de cocina, triturar y añadir agua en el caso de que haya quedado muy espeso.

— También podríamos usar la batidora.

— Sin embargo la receta tradicional hace uso del mortero, en el que iremos moliendo todos los ingredientes, aconsejo que lo primero sean los granos de cominos, luego un poco de sal, continuamos y añadimos más sal y luego los ajos pelados.

— Vamos incorporando el resto de ingredientes, salvo el aceite, que es más difícil de integrar.

— Los últimos ingredientes deben de ser el vinagre y después el aceite.

— Si vemos que ha quedado un poco espeso deberíamos de ir incorporando agua a la mezcla.

— La textura adecuada es entre puré y salsa.

Mojo Verde

🖾 INGREDIENTES

- Un ramillete de cilantro
- 4-5 dientes de ajo (dependiendo del tamaño y del picor de estos)
- Una cucharadita de comino
- 2 cucharadas de vinagre blanco
- 1/2 pimienta picona o 1 guindilla
- 5-7 cucharadas de aceite de oliva
- Opcionalmente un puñado de perejil
- Sal

🍲 ELABORACIÓN

El proceso es similar al del mojo picón.

— Yo no tengo nada en contra de las batidoras y de los robots de cocina, salvo que si nos pasamos triturando tendrá un aspecto más uniforme y menos rústico.

— Por tanto, para la receta tradicional, necesitaremos un mortero, lebrillo, almirez o similar en el que iremos incorporando
y majando los ingredientes hasta obtener una pasta. Como
siempre, el aceite irá al final y poco a poco para facilitar que
se integren todos los ingredientes y formar una pasta.

Papas arrugas

He preguntado mil recetas, y algún cocinero me ha reco-
nocido usar el microondas, que yo he probado así:

--------------------- 🍲 ELABORACIÓN ---------------------

— Usaremos un recipiente de cocción con tapa de agujeros
para microondas. Yo uso una tetera de porcelana grande,
que tengo solo para este propósito.
— Echamos ½ vaso de agua, ½ limón, una barbaridad de sal,
la tapo y pongo el microondas a tope durante 20 o 25 minutos, dependiendo del tamaño de las papas.
— Una vez pita le quito el agua, le echo un pelo de agua fría
y la vuelvo a tirar rápidamente para que solo se enfríe un
poco la superficie. Entonces le vuelvo a echar sal y listo.
— Podemos retirar casi toda el agua e ir meneándolas y ai-
reándolas
— Para que se arruguen más, hay quien en ese momento las
ventila con un secador de pelo con aire frío o con un abanico.
— Escurrimos y las echamos en una sartén u olla caliente (al
fuego vivo, claro,) y las volteamos durante un par de minutos.
— En este momento se echa más sal sobre las patatas para que
se quede pegada.
— Hay quien también las abanica o usa un secador con aire
frío estando en el fuego para arrugarlas aún más.

Una elaboración más tradicional

— En una olla, caldero o recipiente adecuado añadimos un cuarto de kg. de sal por cada kg. de patatas y un limón cortado a trozos.

— Cubrimos las patatas con el agua justa y llevamos a ebullición con el fuego fuerte y con la tapadera.

— Pasados 10 minutos retiramos la tapa y movemos las patatas. Ya no metemos nada más dentro de la cacerola para no romper la piel de las papas.

— Cuando el agua haya reducido a menos de la mitad, comenzaremos a menearlas en la cacerola para que se le vaya pegando la sal a todas las patatas.

— En unos 25 minutos estarán blanditas, menos si las papas son pequeñas que es como deben ser.

Sancocho

- 1 kg. de pescado salado, en la Península es fácil encontrar bacalao o arenque, que es más fuerte que la corvina o similares que utilizan en Canarias. El bacalao no es aconsejable pues es demasiado sensible a la cocción y se desharía en el guiso

- 1 kg. de batata
- 1 kg. de patatas
- Perejil
- Sal

─────── 🍲 ELABORACIÓN ───────

— Se desala el pescado en la nevera durante 24 horas sumergiéndolo en agua cambiando al agua de vez en cuando.

— Se cortan los tubérculos con su piel en una cacerola, se cubre de agua y se lleva a ebullición a fuego medio.

— Una vez blandos las patatas y la batata se añade el pescado cortado en trozos y se baja el fuego.

— Se cocina durante 20 minutos más y se acompaña de pella de gofio y con mojo. La pella se hace mezclando harina de gofio, agua de la cocción del sancocho, una cucharada de azúcar, sal al gusto y aceite. Se amasa hasta que adquiera la consistencia necesaria para formar un cilindro y se corta en rodajas. Si queda muy ligera añades más gofio y si es muy dura más líquido.

Cantabria

Cocido montañés

🖳 INGREDIENTES

- 350 gr de alubias blancas de riñón
- 4 chorizos frescos
- 2 morcillas de arroz
- Un codillo fresco
- 150 gr. de panceta salada
- Una oreja de cerdo
- 200 gr. de panceta adobada
- 150 gr. de panceta sin adobar
- Un trozo de papada

- Una berza mediana con el centro de la hoja blanco
- Un nabo
- 4 patatas medianas
- Una cebolla
- ½ cabeza de ajos cortada a la mitad
- Pimentón
- Sal
- Aceite de oliva

🍲 ELABORACIÓN

— Ponemos las alubias en remojo unas 14 horas en agua fría

— Ponemos la panceta salada bajo el agua del grifo y la desalamos durante 8 horas

— En otro recipiente remojamos la oreja, la costilla, la panceta, el chorizo y el codillo

— Escurrimos las alubias, pero no las carnes pues es el agua que usaremos para cocer las judías.

— Picamos fina la cebolla y la doramos ligeramente.

— Apagamos el fuego y ponemos el ajo cortado a la mitad con la parte plana sobre el fondo y añadimos con cuidado las carnes sobre el fondo de la cacerola (menos la morcilla).

— Ponemos las alubias sobre las carnes y cubrimos con el agua del remojo de las carnes.
— Tiene que hervir lentamente y remover con mucho cuidado pues la alubia es muy delicada y se rompe y separa de la piel. Lo mismo sucede con el ajo, que podríamos quitar una vez se cocine unos 15 minutos desde ebullición.
— Probamos de sal.
— Mientras limpiamos y cortamos la berza y hervimos la berza. Tiramos el agua de ese primer hervor y añadimos las morcillas pinchadas, el nabo picado en brunoise y las patatas chascadas.
— Una vez blandas las patatas, apagamos el fuego sacamos la morcilla y la añadimos al cocido y se deja cocinar otros 20 minutos más.
— Cortamos las carnes y el compango (morcilla, chorizo, panceta, etc) se pican finas y o bien se puede añadir al cocido o bien comerlas aparte.
— Finalmente se prepara un sofrito con pimentón y aceite de oliva tanto para la berza, como para el cocido.

Almejas a la marinera

INGREDIENTES

- 1 kg. de almejas
- Una cebolla
- Un diente de ajo
- 200-250 ml de caldo de fumet o de agua
- 1 cucharadita de café de harina
- 1 chorro de vino blanco
- 1 cucharada sopera colmada de pan rallado
- 1/2 limón
- Aceite de oliva virgen
- Perejil
- Sal

— Limpiamos las almejas bajo el grifo y las frotamos bien. Las metemos en agua con sal durante 2 horas en la nevera. También hay quien dice que con agua con gas, un chorro de vinagre al agua fría, o incluso con pimienta y maicena sueltan más arena, pero no lo he comprobado.

— En una cacerola ancha echamos un vaso de agua o de caldo y lo llevamos a ebullición.

— Añadimos las almejas y, en cuanto comiencen a abrirse, las apartamos del fuego y las tapamos. Las dejamos reposar un par de minutos y colamos el caldo con un colador de tela.

— Reservamos el caldo por un lado y por otro las almejas.

— En la misma cacerola (que habremos limpiado de tierra o impurezas) sofreímos los ajos a fuego lento y después la cebolla picada.

— Una vez pochada, añadimos una cucharadita de café de harina y una cucharada sopera de pan rallado y removemos con el fuego a potencia media.

— Una vez integrados la harina y el pan rallado, añadimos una pizca generosa de sal, el zumo de medio limón, un chorro de vino blanco, el caldo filtrado y una pizca generosa de perejil picado.

— Removemos bien y dejamos reducir el caldo 10 minutos a fuego medio-alto y sin la tapa.

— Comprobamos el punto de sal, bajamos el fuego al mínimo y añadimos las almejas.

— Integramos las almejas en el caldo y añadimos perejil fresco picado en abundancia.

Cataluña

Escalibada

⚖ INGREDIENTES

- 2 pimientos rojos grandes
- 1 pimiento verde grande
- Una berenjena grande o 2 pequeñas
- 2 cebollas

- 4 tomates maduros
- 4 dientes de ajo
- Aceite de oliva virgen extra
- Sal

🍲 ELABORACIÓN

— Disponemos las verduras lavadas en una fuente de horno y las regamos con aceite de oliva virgen extra poco a poco. Las cebollas la podemos pelar y cortar por la mitad.

— Precalentamos el horno a 180 grados y metemos las hortalizas.

— Horneamos moviendo las hortalizas durante alrededor de 50 minutos, o hasta que queden bien doradas y apagamos el horno.

— Dejamos las hortalizas atemperar dentro del horno, aunque se quemen ligeramente.

— Sacamos la bandeja y dejamos que se enfríe un poco. Preservaremos todos los jugos, comenzando por el de la bandeja.

— Pelamos los pimientos y los despepitamos preservando el jugo.

— Pelamos los tomates y preservamos el jugo.

— En una fuente disponemos las hortalizas agrupadas y separadas: Los pimientos en tiras por un lado, por otro los tomates pelados cortados por la mitad, las berenjenas cortadas en tiras gruesas, las cebollas cortadas en cuatro y los ajos tal cual.

— Juntamos todos los jugos en un recipiente y los batimos con un diente de ajo picado muy fino.

— Añadimos el jugo por encima de la escalibada.

— Aliñamos con sal, un punto de vinagre y aceite de oliva virgen extra.

— Dejamos reposar 5 minutos y ya la podemos comer.

Calçots

Para elaborar este plato tan sencillo como sabroso, es necesaria una parrilla y un saco de sarmientos.

INGREDIENTES

• Un ramillete de calçots por persona
• Y la salsa correspondiente de *salvitxada*

— Se ponen los calçots tal cual sobre el fuego vivo del sarmiento y sobre una parrilla. En cuanto empiecen a estar chamuscadillos les damos la vuelta y los dejamos sobre las brasas un par de minutos más.

— Se guardan en un periódico para que asienten y para que no pierdan el calor.

— Para degustarlo hay que cogerlo de las hojas centrales con una mano y con la otra de las "barbas" o raíces del calçot.

Apretamos de las barbas y tiramos de las hojas y saldrá entero. Mojamos en salsa y a comer.

— Esta fórmula se puede hacer con cualquier cebolleta similar; aunque hoy día se pueden comprar en muchas fruterías especializadas, y si llevan la etiqueta del Valls, no pueden fallar.

Salsa romesco

La verdadera, la auténtica y genuina salsa que acompaña a los calçots no se denomina salsa romesco, sino salsa para salvitxada. Realmente, si queremos ser fieles a la tradición tenemos que decir que el romesco es un guiso, un bullit, un suquet de pescado. El motivo de la confusión es que usa como condimento una pasta muy similar, un majado de pimientos secos y frutos seco tostados, similar a la salsa que hoy nos ocupa.

He llegado a la conclusión de lo que lo más usado es más una *salvitxada* o salsa de *calçots*.

Hay matices muy difusos entre ambas pues solo cambia el tipo de pimiento, y una es para acompañar el *calçot* y la otra para realizar el romesco de pescado; siendo la romesco, además, un poco más líquida y suele llevar perejil espolvoreado.

🍳 INGREDIENTES

- 5 ñoras para el romesco o 4 pimientos choriceros para la *salvitxada* (y puestos ¿por qué no mitad y mitad?)
- Un puñado de avellanas tostadas
- Un puñado de almendras tostadas
- Un par de almendras crudas
- 3 tomates maduros

- 10 dientes de ajo con piel
- 2 rodaja de pan
- 3 galletas María (secreto de la casa)
- Aceite de oliva virgen extra
- 2-3 cucharadas de vinagre
- ½ guindilla cayena
- Sal

🍲 ELABORACIÓN

— Tendremos en remojo los pimientos choriceros o las ñoras (las ñoras el día anterior y los pimientos 5 horas).

— Sacamos la pulpa y quitamos las pepitas de los pimientos y reservamos la carne.

— Asamos los tomates y los ajos con piel en el horno: Precalentamos a 170 grados y horneamos unos 35 minutos. Sacamos y dejamos enfriar.

— En una sartén tostamos casi todas las almendras (dejamos 1 o 2 crudas).

— Luego tostamos bien las rodajas de pan.

— Una vez templados los tomates y los ajos los pelamos y los metemos.

— Metemos todo, salvo el aceite, en el vaso de la batidora (o procesador de alimentos cualquiera).

— Trituramos concienzudamente el pan, las galletas (que ya digo que es un secreto de la casa) los tomates, el ajo, el vinagre, la pulpa de los pimientos, los frutos secos, ½ guindilla, y media cucharada de sal.

— Con la batidora o robot en marcha, vamos agregando poco a poco aceite de oliva para que se integre y emulsione con todos los ingredientes.

— Si no eres muy de pisar la cocina, te digo que más de un vaso de aceite es una barbaridad.

— Probamos el punto de sal y añadimos si creemos conveniente.

— Una vez haya quedado de la consistencia de una salsa solo tendrás que comerla con lo que prefieras.

— Con una escalibada, por ejemplo, va genial; con pescados blancos e incluso con gambas, pero también con una carne grasa; o con sabores potentes como la pluma o el secreto, magret de pato o caza.

— Como tapa lo veo en una cuchara de degustación bañando una buena escalibada, o untando generosamente una tosta con una loncha de bacalao ahumado decorado con unas pocas huevas de salmón, etc. Es una salsa que acompaña bien a casi todo.

Suquet de peix

INGREDIENTES

- 1 kg. de morralla
- 650 gr. de pescado noble (rape, merluza, cazón, mero, etc.,) en 4 trozos
- 300 gr de almejas
- 250 gr de gambas arroceras
- 4 tomates maduros
- Una cebolleta
- Un puerro
- 50 gr. de almendras
- 2 rebanadas de pan de calidad del día anterior
- 2 dientes de ajo
- Perejil
- 3-5 hebras de azafrán
- Aceite de oliva virgen

— Pelamos las gambas y echamos las cáscaras a una cacerola con abundante agua ligeramente salada. Reservaremos las gambas peladas.

— Llevaremos la cacerola a ebullición con, al menos, 2 litros de agua.

— Añadimos el puerro cortado por la mitad y la morralla cortada en trozos y dejamos cocinar a fuego medio y con la tapadera durante 35 minutos, añadiendo agua en caso necesario.

— Colamos el caldo, retiramos las impurezas de la cacerola y volvemos a calentar el caldo a fuego fuerte, añadimos las almejas y, cuando comiencen a abrirse, las sacamos y las reservamos.

— Volvemos a colar el caldo, a poder ser con una tela, para quitar la tierra que pudieran tener las almejas. Y volvemos a calentar el caldo en la cacerola limpia

— Probamos de sal y añadimos más en caso necesario.

— Introducimos el pescado noble en el fumet templado y lo cocinamos a fuego suave con la tapadera. El tiempo lo determina el tipo de pescado y el tamaño y grosor de cada pieza: La merluza suele ser unos 5 minutos, el mero 8-10 minutos, el rape 9-11 minutos.

— Cocinado el pescado lo sacamos y reservamos por un lado el fumet (en la cacerola) y por otro el pescado.

— En una sartén profunda freímos a fuego suave y a conciencia las almendras, los dientes de ajos enteros y después las rebanadas de pan (pues absorben aceite). Metemos todo lo anterior en un vaso de trituradora junto con un par de cucharadas de perejil picado y con un par de hebras de azafrán.

— En la cazuela en la que vayamos a hacer el suquet, un caldero, un puchero, etc., sofreímos a fuego suave la cebolleta picada muy fina junto con una pizca de sal. Añadimos un par de hebras de azafrán.

— Una vez comience a pocharse añadiremos los tomates rallados y dejaremos reducir a fuego suave durante 15 minutos. Añadimos también un tomate pelado y cortado toscamente, para que se aprecie algún trozo.

— Añadimos las patatas peladas y cortadas en rodajas y removemos.

— Subimos el fuego y vamos agregando caldo hasta cubrir las patatas.

— Cuando comience a hervir, meneamos el recipiente por el mango y echamos un vaso más de caldo. Debe quedar todo bien cubierto de líquido en todo momento, sobrepasando siempre un dedo.

— Bajamos el fuego, a temperatura media-baja, tapamos y dejamos cocinar durante 20 minutos.

— Incorporamos al guiso la pasta de almendras, ajo, pan y perejil.

— Subimos el fuego y llevamos a ebullición, sin la tapadera y removiendo con cierta constancia y con cuidado de no romper las patatas.

— Una vez en ebullición bajamos el fuego al mínimo, tapamos y dejamos reposar 10 minutos.

— Añadimos las gambas peladas, meneamos, tapamos, dejamos cocinar 3 minutos.

— Disponemos los trozos de pescado y las almejas (comprobando que no tengan tierra antes de ponerlas) sobre el caldero y le damos un último golpe de calor al fuego.

Canelones

Es un plato que requiere de mucho tiempo y mucho trabajo. Ahora valoro mucho más estos aspectos.

La receta tradicional es relativamente fiel a unos ingredientes que, resumiendo y por supuesto, tienen: Ternera, pollo, higaditos de pollo y foei, cerdo, tomate, otras verduras y hortalizas, vino, brandi, pasta seca de canelón, vino, tomillo, laurel, bechamel, sal y aceite de oliva. Hay quien también usa pan y hasta butifarra, gambas o carabineros. Aquí, con todos mis respetos, mi receta

INGREDIENTES

- 32 láminas de pasta de canelones (4 para cada uno de los comensales)
- 300 gr. de pechugas de pollo
- Una carrillera de ternera
- 100 gr. de carne de ternera (morcillo por ejemplo)
- 300 gr. de carne de cerdo, mejor cabeza de cerdo (sirve una carrillada)
- 4-5 higaditos de pollo
- 50 gr. de foei
- Un tomate maduro
- Una rama de apio sin la hoja
- 2 cebollas
- 2 dientes de ajo
- 2 vasos de leche entera

- 1 cucharada colmada de harina
- Una rama de canela o una pizca de canela en polvo
- Laurel , tomillo y nuez moscada
- Una pizca de pimienta
- Aceite de oliva
- Sal
- ½ vaso de brandy
- Un vaso de vino blanco
- 100 gr. de pan del día anterior
- 1 cucharada de mantequilla
- 150 gr. de queso para gratinar

— Sellamos bien las carnes a fuego vivo en una sartén grande y las reservamos, las carnes y la sartén.

— En una olla a presión, metemos la carrillada de ternera, la carne de cerdo, 2 hojas de laurel, una ramita de tomillo, una cucharadita de sal, un chorro de aceite, la cebolla cortada en trozos (5-6), un diente de ajo, una pizca de canela o un trozo pequeño de la rama; cubrimos de agua, tapamos y cocinamos a fuego medio, todavía **sin tapar**, sin presión.

— Desde que comienza la ebullición contamos 25 minutos.

— En este momento, añadimos los higaditos de pollo, y las pechugas de pollo, tapamos la olla y, a fuego medio, cocinamos a presión durante 20 minutos desde el momento en el que empiece a soltar vapor;

— Pasado el tiempo apagamos y dejamos que pierda la presión.

— Tendremos bien limpios y muy picaditos 1 diente de ajo, 1 cebolla, la rama de apio y la zanahoria. Y el tomate rallado en una taza o cuenco.

— En la sartén de dorar la carne, rehogamos el ajo, el apio muy picadito, la zanahoria y la cebolla.

— Una vez pochado el sofrito incorporamos la ralladura de tomate, el vino y el coñac.

— Reducimos 15 minutos removiendo para que no se agarre en el fondo.

— Incorporamos los cubitos de pan del día anterior sin corteza y el resto de la canela. Removemos bien, doramos el pan y retiramos del fuego.

— Sacamos las carnes y las verduras de la olla a presión, atemperamos y metemos todo, incluido el anterior sofrito, en una trituradora.

— Ojo con dejar el laurel, la canela o cualquier parte no comestible y...

— Trituramos todo hasta conseguir una pasta homogénea y ya tenemos el relleno, que enfriaremos en la nevera. Si la pasta queda muy seca, vamos añadiendo caldo de la cocción de las carnes.

— Hervimos la pasta en agua salada según las indicaciones del fabricante.

— Hacemos un cilindro enrollando la pasta sobre el relleno y disponemos cada canelón sobre una fuente ligeramente engrasada (Truco: mantequilla y harina, son ideales para engrasar moldes).

— Siguiente paso: cubrir con la bechamel que explico abajo.

— Echamos queso rallado por encima y los metemos a gratinar en un horno que habremos precalentado a 180 grados.

— Una vez gratinado, canelón listo y preparado.

Bechamel

— Para acelerar el proceso, tendremos ya la leche calentando en un recipiente pequeño, sin dejar que hierva.

— Derretimos en una sartén la mantequilla con una cucharadita de aceite.

— Derretida la mantequilla apagamos el fuego, añadimos nuez moscada recién rallada, una pizca de sal, y una pizca de pimienta.

— Removemos y, acto seguido, añadimos la cucharada colmada de harina.

— Encendemos el fuego a baja potencia y seguimos removiendo durante no menos de 2 minutos.

— Apagamos de nuevo el fuego y vamos incorporando, poco a poco y removiendo, la totalidad de la leche que tenemos calentando.

— Encendemos el fuego sin parar de remover.

— Una vez comience a hervir habrá espesado.

— No lo creo pero, ¿Que se forman grumos? Batidora al canto.

Castilla La Mancha

Ajoarriero

📇 INGREDIENTES

- 800 gr. de bacalao limpio, desalado y desmigado
- 2 cebolletas
- Un vaso y medio o 2 de salsa de tomate
- Un pimiento verde grande o 2 pequeños
- Un pimiento rojo, "morrón" a ser posible
- Un chorro de aceite de oliva (unas 6 cucharadas)
- 2 guindillas o pimienta cayena

🍲 ELABORACIÓN

— Pelamos y picamos los ajos y cortamos el resto de las verduras en dados de alrededor de un centímetro.

— En una sartén antiadherente del tamaño adecuado (en torno a los 28 centímetros de diámetro) calentamos el aceite.

— Agregamos las guindillas y el ajo, removemos y añadimos el pimiento rojo, el pimiento verde y la cebolleta.

— Removemos, y lo cocinamos a fuego suave durante unos 20 minutos, removiendo de vez en cuando. El "fuego suave" suele situarse por debajo de la mitad de la potencia máxima.

— Subimos el fuego y añadimos el bacalao limpio, desalado y desmigado.

— Removemos y una vez que esté hirviendo el contenido de la sartén, agregar el tomate, poco a poco para no pasarnos y que no parezca una salsa de tomate, no es lo que queremos.

— Removemos y pasados unos minutos apagamos el fuego y dejamos reposar unos minutos más para que se integre todo. Unos 5 minutos en total.

— Hay quien acaba el guiso espolvoreando un poco de perejil picado.

Perdices escabechadas

🖾 INGREDIENTES

- 2 perdices
- 4 dientes de ajo
- 2 zanahorias
- ½ taza de aceite de oliva
- ½ taza de vino blanco
- Una cebolla mediana
- ½ taza de vinagre

- Una taza de agua
- 3 hojas de laurel
- Un ramillete de tomillo
- Un ramillete de perejil
- Sal
- ½ cucharadita de pimienta negra molida y 5 granos más enteros.

🍲 ELABORACIÓN

— Pelamos las cebollas y las troceamos en trozos medianos.

— Pelamos las zanahorias y las cortamos en rodajas.

— Calentamos aceite en una cacerola y, cuando el fuego esté fuerte, añadimos las perdices limpias y saladas (ojo que hay que salarlas también por dentro).

— Cuando las perdices estén bien doradas, añadimos las cebollas , las zanahorias y el ajo.

— No es muy ortodoxo, pero a mí me gusta mucho añadirle una penca de apio.

- Rehogamos y añadimos las hierbas y las especias. Un atadillo queda genial.
- Bajamos un poco el fuego y añadimos el vinagre, el vino y tapamos.
- Pasados 10 minutos cubrimos con agua las perdices hasta la mitad.
- Bajamos el fuego y cocinamos a juego lento durante 1 hora y media.
- Apagamos el fuego, dejamos enfriar, deshuesamos y eliminamos la piel.
- Podemos guardar en un tarro de cristal la perdiz limpia y deshuesada con el escabeche y realizar una conserva al baño maría para disfrutar de este plato cuando queramos.
- Los muslos se pueden servir sin deshuesar, porque se pueden deshacer si no se hace con mucha maña y se tratan con cuidado.
- Para servirla habrá que disponerla de forma "vistosa" en una cazuela pequeña, un plato con un poco de fondo junto con un par de rodajas de zanahoria, un trozo de cebolla, un grano de pimienta y un poco del escabeche.
- Otra opción es acompañarla de ensalada de lechugas y tomate (también con las verduras de la cocción) y aliñar la ensalada con el escabeche.

Morteruelo

Este es nuestro paté patrio, un plato contundente y sabroso.

📇 INGREDIENTES

- Un conejo pequeño de monte o ½ liebre (que si no la has probado antes no recomiendo hacerlo con esta receta)
- Una perdiz
- ½ gallina
- 250 gr. de hígado de cerdo
- 200 gr. de jamón serrano
- 200 gr. de panceta curada
- 350 gr. de pan rallado
- ½ vaso de aceite de oliva virgen extra
- Agua

- Sal
- Una cucharada colmada de pimentón dulce o agridulce de La Vera .
- Especias: ½ cucharada de clavo molido, ½ cucharada de canela en polvo, ½ cucharada de pimienta negra y ½ cucharada de comino o, en su lugar y si fuera posible, alcaravea, que no es siempre fácil de encontrar.

🍲 ELABORACIÓN

— Las carnes de caza deben estar bien limpias e intentar quitar todos los perdigones, una vez cocinadas , vamos a deshuesar las piezas.

— Cocinamos las carnes en una olla del tamaño adecuado y con tapadera, a fuego medio y durante al menos 2 horas y media, manteniendo cubierto de totalmente el contenido con agua ligeramente salada. Y repito que es imprescindible usar tapadera.

— Cuando veamos que las carnes quedan tiernas dejaremos enfriar un poco. Y una vez atemperadas reservaremos las carnes.

- Deshuesaremos las aves y el conejo, reservamos la carne y echamos los huesos al caldo.
- Volvemos a poner a hervir el caldo con los huesos.
- Trituramos todas las carnes limpias con un robot de cocina, batidora o el instrumento que tengamos en la cocina para ello.
- En una cacerola de barro del tamaño adecuado echamos el aceite de oliva virgen extra y las especias.
- Encendemos el fuego y agregamos el pimentón.
- Cuando veamos tostada toda la mezcla, (de especias y pimentón,) vamos añadiendo todo el caldo con la ayuda de un colador y un cazo.
- En cuanto empiece a hervir agregamos el pan picado (en dados estilo *brunois* para picatostes) y las carnes, removiendo hasta que la mezcla quede homogénea.
- Dejamos cocinar a fuego suave durante 20 minutos.
- Removemos de vez en cuando y con cuidado de que no se nos queme y bajamos o apagamos el fuego en caso de ser necesario. Dejamos reposar y listo.

Gazpacho manchego

🍳 INGREDIENTES

- Galianos, torta cenceña o pan ácimo o, en su defecto, algún producto similar (pan de pita tostado o pan marroquí seco o tostado, incluso una tortitas mexicanas de trigo tostadas).
- ½ conejo de monte
- Una perdiz
- 2 hojas de laurel
- 5 granos de pimienta
- 2 ramitas de tomillo
- 1-2 tomates
- Un pimiento verde
- Una cebolla
- Una cabeza de ajo
- Aceite de oliva virgen extra
- Sal
- Hay quien añade níscalos u otras setas

🍲 ELABORACIÓN

— En una olla profunda doramos la carne troceada, añadimos medio ajo cortado a la mitad, el laurel, 3 granos de pimienta y la sal, cubrimos con agua y cocemos a fuego medio durante, al menos, media hora.

— Cortamos las tortas en trocitos y picamos las verduras.

— Una vez cocida y atemperada la carne, la deshuesamos y la desmigamos.

— Picamos un par de dientes de ajo, lo sofreímos en aceite de oliva, añadimos la cebolla picada, el pimiento picado y, una vez pochado todo, añadimos el tomate pelado y picado.

— Añadimos la carne, removemos. Añadimos la torta o pan de ácimo picada y un litro de agua de la cocción de la carne, dos ramitas de tomillo y el resto de pimienta.

— Rectificamos de sal y llevamos a ebullición a fuego suave durante 10-15 minutos. Y listo para degustar.

Pisto manchego

INGREDIENTES

- 1 kg. de tomates de pera
- Una cebolla
- 3 dientes de ajo
- Un calabacín
- Un pimiento verde
- Un pimiento rojo
- Aceite de oliva en abundancia (luego se puede retirar)
- Sal

ELABORACIÓN

— Hay quien hace todos los ingredientes por separado y al punto, eliminando el exceso de aceite, e integrando todos los ingredientes al final para darle un último punto de cocción. Pero la otra opción más simple es la siguiente:

— Picamos fino el ajo y lo sofreímos en aceite en abundancia, y con el fuego no demasiado alto pues se quemaría (no pasa nada por sobrarnos de aceite porque luego lo retiramos y lo podemos reutilizar).

— Picamos en *brunois* la cebolla y los pimientos (sin pepitas ni rabos) y lo añadimos al sofrito de ajo.

— Hacemos lo mismo con el calabacín.

— Rallamos el tomate y lo añadimos.

— Añadimos el azúcar y dejamos reducir.

— Cuando el tomate tenga la densidad de una salsa, unos 20 minutos aproximadamente, escurrimos el aceite y listo.

Con unos huevos fritos es uno de los mejores platos posibles, a disfrutar.

Migas

INGREDIENTES

- ½ kg. de pan duro (500 gr.)
- 5-10 dientes de ajo (10 pequeños o 5 grandes u 8 medianos)
- 250 ml. Como vaso y medio, aproximadamente, de agua
- Un chorizo pequeño fresco (unos 200 gr.)
- 3-4 lonchas de panceta fresca

- Un pimiento choricero o una cucharada de carne de pimientos (se vende en tarros)
- Aceite de oliva
- Sal
- Y opcionalmente, si es que te gusta, un puñado de uvas

ELABORACIÓN

— Cortamos el pan en *brunois* o en cuadraditos de menos de un centímetro y los remojamos ligeramente con agua con sal, lo metemos en un cuenco grande y lo tapamos con un trapo.

— Dejamos reposar el pan en la nevera y removemos de vez en cuando para que la humedad se distribuya de manera homogénea.

— En una sartén a la que iremos añadiendo aceite de oliva a demanda:

— Freímos los ajos y los reservamos.

— Cortamos la panceta en tiras o dados, (eso ya al gusto, pero recomiendo que sean de menos de un centímetro) y la freímos en el mismo aceite. La reservamos.

— Cortamos el chorizo en trozos de tamaño similar a la panceta y también los freímos y lo reservamos.

— Freímos en ese aceite el pimiento choricero entero, pero sin pepitas ni rabo y lo reservamos una vez dorado.

— Reservamos parte de ese aceite y añadimos un poco de aceite limpio e incorporamos el pan humedecido, removiendo con una cuchara de madera o paleta con cuidado de no desmigarlo demasiado.

— El pan tiene que perder parte de esa humedad y tostarse un poco así que cuidado con quemarlo.

— Con parte del aceite trituramos el pimiento choricero y ya casi está:

— Añadimos ya todo en la sartén (ajos, con cuidado de no pasarnos con el aceite, no hace falta echarlo todo (o sí, depende de lo que hayamos echado pero ojo con embadurnarlo todo de aceite) y removemos.

— Lo mejor es servirlo en una cazuelita de barro caliente para mantener la temperatura, y a comer.

Castilla-León

Sopa Castellana

🔢 INGREDIENTES

- 200 gr. de taquitos de jamón
- Una pieza de pan duro
- 4 yemas de huevo
- Un puerro
- Una rama de apio
- Una zanahoria
- Un hueso de jamón

- ½ gallina
- Una cucharada de pimentón
- 2-3 dientes de ajo
- Aceite de oliva
- Sal

🍲 ELABORACIÓN

— Cocinamos en abundante agua el hueso de jamón junto con la gallina, el puerro, la zanahoria pelada, el apio y un diente de ajo machacado. Lo hacemos con la tapadera durante ½ hora, 30 minutos, a fuego fuerte y otra hora más, otros 60 minutos, a fuego medio.

— En una sartén echamos un chorro de aceite de oliva virgen extra, agregamos el ajo laminado con una pizca de sal y llevamos al fuego, a fuego medio.

— Sacamos el ajo y lo reservamos.

— Calentamos salteando rápidamente el jamón en la sartén, escurrimos y reservamos.

— Sofreímos la cayena y reservamos.

— Cortamos rodajas de pan del día anterior y lo sofreímos sobre el aceite anterior.

— Apagamos el fuego, añadimos una pizca de pimentón en caso de no estar lo suficientemente teñida del rojo del pimentón del jamón, removemos y reservamos.

— Para servir y como tapa:

— Sobre el recipiente de barro individual en el que vamos a servir la sopa, dispondremos el pan sofrito, una yema cruda, y el caldo colado y/o clarificado muy, pero que muy caliente.

— Añadimos una cucharadita de choricitos picados por persona y lo mismo de ajo.

— La cazuelita de barro puede estar precalentada al horno para conservar el calor y continuar la cocción del huevo.

— Añadimos el caldo muy caliente, espolvoreamos con pimentón y listo Calixto.

Olla Podrida

Esta contundente y sabrosa olla es muy típica en Burgos. La receta precisa de muchos ingredientes por lo que la dimensión de la olla será grande. De todos modos es imposible de cocinar para 4 personas. Hay que desgrasarla varias veces y también una vez enfriado el guiso.

🞠 INGREDIENTES PARA 8 PERSONAS

- 850 gr. de alubias y, para ser purista, rojas
- ¼ de morro o careta de cerdo adobada y salada
- 2 orejas adobadas
- ½ costillar cerdo salado y adobado
- Un rabo de cerdo adobado
- 100 gr. de panceta ahumada
- 100 gr. de tocino salado

- 2 manitas de cerdo adobadas
- Un chorizo ahumado
- Un chorizo fresco
- 2 morcillas ahumadas
- 2 zanahorias
- Un pimiento verde despepitado
- Una cebolla.
- Un puerro

🞠 INGREDIENTES PARA EL RELLENO

- 5 huevos
- 200 gr. de pan rallado
- 4 dientes de ajo

- ½ ramillete de perejil
- ½ cucharada de pimentón
- Una cucharadita de sal

--------- 🞕 ELABORACIÓN ---------

— En vísperas ponemos las alubias y también las carnes a remojo, para quitar el exceso de sal. Otra opción es hervir las carnes y tirar el agua. En ese caso espera al menos a que se enfríe para tirar el agua y añade agua tibia en lugar de fría, de lo contrario puede endurecerse la carne.

— En una olla del tamaño adecuado (que quepa todo y aun sobre más o menos un tercio de la capacidad de la olla) añadimos todos los productos cárnicos salvo el chorizo y la morcilla, y las cocemos en agua durante, al menos, 2 horas a fuego suave.

— Vigilaremos que no se quede sin agua.

— Añadimos las verduras (pimiento, cebolla, puerro y zanahorias) y dejamos hervir durante 15 minutos.

— Apagamos el fuego, esperamos a que se enfríe un poco el guiso y sacamos las carnes por un lado y las verduras por otro.

— Trituramos las verduras y las añadimos al agua de cocción de la carne.

— Añadimos las alubias, que estaban previamente en remojo, el chorizo y la morcilla y encendemos el fuego.

— Removemos y lo dejamos cocinar a fuego medio durante una hora.

— Asustamos las judías de vez en cuando con un poco de agua fría, cuando haga falta líquido.

— Pasada la hora es el momento de añadir las pelotas que tendremos preparadas.

— Troceamos las carnes en trozos generosos y las añadimos al guiso.

— Para elaborar las pelotas trituramos todos los ingredientes de las pelotas arriba indicados, y hacemos pelotas con las manos que añadiremos al guiso caliente.

— Una vez estén todos los ingredientes dejamos cocinar durante una hora a fuego medio, comprobando que no se quede sin líquido, por lo que iremos agregando agua en caso de ser necesario.

— En alrededor de 90 minutos estarán listas y, si no lo están, solo tenemos que dejarlas cocinar más tiempo. Dejamos reposar y a comer.

Cocido maragato

Es muy típico de León y aunque son muchos los pasos, no es tan complicado como puede parecer a primera vista. Anímate a cocinarlo.

🖩 INGREDIENTES

- 400 gr. de garbanzos
- Un puñado de fideos gruesos por persona
- ½ "berza de asar" o repollo
- Un hueso de caña
- ½ kg. de morcillo
- ½ gallina
- Un hueso de caña (opcional)
- ½ kg. de lacón
- 200 gr. de panceta
- 100 gr. de tocino
- 50 gr. de cecina
- 3 chorizos frescos y, a poder ser, uno fresco y ahumado
- 2 orejas sin pelos (los quemas con un soplete o lo que quieras, pero ni uno porfa) y troceada
- 2 manitas de cerdo cortadas a la mitad
- 100 gr. de tocino, cuanto más rosa y veteado mejor
- Un trozo, de unos 100 gr. de morro de cerdo
- Un trozo de unos 100 gr. de careta de cerdo
- ½ costillar de cerdo
- 150 gr. de fideo fino
- Un puñado de perejil picado
- 3 diente de ajo finamente picado
- 200 gr. de pan rallado
- 3 huevos
- Sal

🥘 ELABORACIÓN

— Dejamos los garbanzos en remojo durante unas 16 horas. Hemos dicho ya que el **truco** para los garbanzos es no parar nunca la cocción, cambiar el agua templada durante el remojo, que preferiblemente sea agua templada el remojo de los garbanzos y que, como mínimo estén 14 horas.

Ojo, que puede ser poco dependiendo del tipo de agua.
— Reservamos los chorizos y el repollo.
— En abundante agua, y en un recipiente adecuado, introducimos todos los ingredientes y una vez en ebullición añadimos los garbanzos.
— Removemos, tapamos, bajamos el fuego a medio-bajo y dejamos cocinar durante 3 horas, asegurándonos de que no se agarre de vez en cuando (pero sin mover demasiado).
— Desespumamos de vez en cuando.
— En olla exprés, son menos de 90 minutos a fuego bajo-medio y con presión (si no hay algo de presión, no está cociendo) y no habrá que seguir el siguiente paso.
— Pasado el tiempo de cocción tendremos preparada agua caliente, por si hay que echar más líquido. Probamos el punto de los garbanzos y de sal, y continuamos la cocción o no; y tendremos que echar un pelo de agua y de sal más o no. Tienen que estar blandos y medio cubiertos de líquido.
— Blandos los garbanzos dejamos reposar unos minutos.
— Sacamos todas las carnes para que queden los garbanzos huérfanos con su caldo.
— Añadimos las albóndigas y llevamos a ebullición, a fuego medio, durante 25 minutos aproximadamente.

Para las albóndigas

— En un cuenco o fuente mezclamos: La carne limpia y cortada en trozos de menos de un centímetro, 2 trozos de costillas, un trozo de morcillo, algo de careta y de morro, ½ chorizo en cuadraditos y demás.

— Añadimos el perejil y el ajo picado, los huevos, sal y el pan rallado. Y mezclamos. Si no se pueden hacer bolas añadimos más pan rallado o miga de pan rallada.

— Hacemos bolas y las freímos en abundante aceite a fuego medio-alto hasta que queden doraditas por todos los lados.

— En una olla aparte cocinamos el repollo y el chorizo en abundante agua salada durante no menos de 30 minutos desde el momento de ebullición.

— Desespumamos, tapamos y bajamos el fuego.

— En una sartén freímos el ajo picado fino y los pimientos picados que echaremos sobre el repollo a la hora de emplatar.

— Acabamos con la sopa: Colamos 2 tazas de caldo por persona, llevamos a ebullición, añadimos un puñadito de fideos por persona y, removiendo y a fuego medio, dejamos cocinar durante 12 minutos. Dejamos reposar y tendremos la sopa.

Lo tradicional es servirlo en "tres vuelcos a la inversa".

1. Lo primero es la carne, chorizo incluido y las pelotas, a la que le siguen o acompañan...

2. Después nos comemos los garbanzos y el repollo.

3. Luego, lo último, para terminar, nos comeremos la sopa.

Judiones de La Granja

🔲 INGREDIENTES

- 400 gr. de judiones (unos 100 por persona)
- Un chorizo
- Una oreja de cerdo limpia, sin pelos
- ½ tomate

- ½ cebolla grande o una pequeña
- Una hoja de laurel
- 4 dientes de ajo
- Perejil

* Opcionalmente y para dar más untuosidad y sabor al plato podemos añadir unas manitas, un poco de morro, una morcilla, panceta entreverada o incluso morcillo de ternera

---

🍲 ELABORACIÓN

— Ponemos en remojo los judiones durante 10 horas, 12 si se trata de agua dura.

— Llevamos a ebullición a fuego medio con dos dientes de ajo chafados y el laurel y la cebolla.

— Cuando alcance la ebullición añadimos agua fría, es decir, la asustamos que se dice, y cuando vuelva a hervir pasamos al siguiente paso.

— Añadimos la carne elegida, al menos chorizo y la oreja troceada y preferiblemente manitas (a poder ser panceta, y/o morro, morcilla, panceta, etc.)

— Las cocinamos durante 90-120 minutos a fuego bajo y con la tapadera.

— Hay quien rectifica el espesor con un espesante, por ejemplo harina de maíz desleída en agua que iremos echando poco a poco en el guiso mientras removemos, pero si echamos carne gelatinosa (morro, oreja, manitas, etc.) no será necesario).

Patatas a la importancia

Es una receta *compartida* pues también es "un plato castizo de Madrid". Lo dicho, problemas de denominación o partida de bautismo.

INGREDIENTES

- 2-3 kg. de patatas (ya en esto manda el hambre).
- 2 dientes de ajo
- Una cebolla
- Un vaso de vino
- Un vaso de caldo de carne

- Harina y huevo para rebozar (a demanda, pero normalmente una tacita y un par de huevos, por lo menos)
- 4-6 hebras de azafrán
- ½ cucharada de sal

ELABORACIÓN

— Ojo: Hay que tener cuidado en todo momento de no romper el rebozado y menos las patatas con lo que las trataremos con delicadeza y no removeremos mucho la sartén.

— Pelamos y cortamos las patatas en rodajas de alrededor de un centímetro y salpimentamos.

— Pasamos las patatas por huevo y harina, con una pizca de sal, y las freímos en aceite caliente, a fuego medio para que no se quemen y hasta que estén doraditas. Esto del aceite es al gusto pero no me privaría de freírlas en aceite de oliva virgen extra.

— Colocamos las patatas en una fuente con cuidado de no dañarlas.

— Colamos bien el aceite que vamos a usar a continuación.

— Pelamos y picamos los ajos y la cebolla y los freímos con

el azafrán a fuego medio, en parte del aceite de freír las patatas.

— Antes de que se doren, removemos bien, añadimos el vino, luego disponemos las patatas sobre la sartén y después añadimos el caldo.

— Subimos el fuego, añadimos sal al gusto y llevamos a ebullición y, una vez rompa a hervir, cocinamos a fuego suave (para que no se rompan y sin remover).

— En unos 12 minutos estarán listas y si no (pinchamos una o dos patatas para asegurarnos) las dejamos más tiempo. Es el momento de añadir el perejil picado, mover o menear la sartén u olla por el mango y dejar reposar un minuto, pues hay que servirlas cuanto antes.

— Cazuelita tamaño tapa y listo, pues es un plato en el que las patatas son las protagonistas, de ahí su nombre, pero no pasa nada por acompañarlas de unos huevos fritos, escalfados, chorizo, morcilla o lo que se nos ocurra.

Cochinillo asado

INGREDIENTES

- Un cochinillo lechal de no más de 5 kg.
- Unas 3-4 cucharadas de manteca de cerdo
- Un chorrito de aceite de oliva

- Agua
- Sal
- Opcional: una hoja de laurel

ELABORACIÓN

— Necesitaremos una fuente profunda de barro sobre la que disponer el cochinillo, sin que toque el fondo. Podemos poner estacas de madera, una rejilla o cualquier utensilio resistente a altas temperaturas.

— Limpiamos y secamos el cochinillo y lo untamos en manteca y lo salamos.

— Precalentamos el horno a 180 grados.

— Disponemos el cochinillo extendido sobre la fuente con la piel hacia arriba y separado del fondo.

— Echamos dos vasos de agua en el fondo de la fuente, regamos con un chorrito de aceite de oliva y la metemos a la mitad del horno.

— Dejamos hornear y regamos un par de veces con el jugo vigilando que no se queme la piel.

— Ojo con regarla cuando se esté tostando, pues dejaremos la piel blanda y el objetivo es el contrario: Que quede muy crujiente (la humedad es enemiga) y que no se queme.

— Cuando la piel haya adoptado un color tostado (beige-tofe) será el momento de apartarlo del horno y dejarlo reposar (sin tapar) un par de minutos antes de comer.

Cordero asado

Lo normal sería hacer una pata de cordero para 4 personas, por otro lado es difícil disponer de un horno con capacidad suficiente para meter un cordero entero.

INGREDIENTES

- Unos 2,5 kg. de pata o paleta de cordero joven
- 4 dientes de ajo
- Una cucharada de manteca de cerdo
- Una ramita de romero
- Una pizca de tomillo
- Opcional: Un chorro de vino blanco
- Un chorro de aceite de oliva
- 2 vasos de agua
- Sal

--------- ELABORACIÓN ---------

Existen muchos trucos, casi tantos como hogares, muchos secretos y pasados de generación en generación. (Como ponerlo sobre tacos de madera para que no se cueza en el líquido o untar el cordero la noche antes con 3-4 ajos machacados y dejarlo en la nevera 8-10 horas; o meter el cordero en un recipiente cubierto de agua con 3 cucharadas de sal, 3 dientes de ajo machacado y un ramillete de albahaca, que habrá que retirar totalmente. (Lo de la albahaca me lo contó una cocinera y seguramente se habría perdido de no habérmelo dicho, pues nadie quedó en su familia en este duro oficio).

— En cualquier caso, habrá que untar el cordero con los ajos cortados la noche antes.

— Disponer el cordero en una fuente adecuada. Si es pata, la parte bonita, la exterior, debe quedar arriba. Si es cordero entero, la piel debe quedar para arriba y abierto en canal (suele venir eviscerado).

— Precalentamos el horno a 250 grados.

— Salamos bien el cordero.

— Echamos dos vasos pequeños de agua en la fuente (400 ml.), una cucharada de manteca de cerdo, un chorrito de vino blanco y las hierbas aromáticas, y regamos el cordero con aceite de oliva virgen extra.

— Metemos el cordero por debajo de la mitad el horno y lo bajamos a 160 grados.

— Antes de que se empiece a dorar, debemos regar con el líquido de la fuente. Cada 10 minutos aproximadamente.

— Una vez dorado, le damos la vuelta. Repetimos esta operación

— Pasados 90 minutos de horneado y ya dado la vuelta el cordero con la piel hacia arriba, subimos el horno a 180 grados, regamos una última vez con el líquido y dejamos hornear otros 15 minutos.

— Podemos comprobar el punto con un palillo, no debería costar demasiado pincharlo hasta el fondo. En caso de no estar todavía, bajamos la potencia a 150 y déjalo hornear hasta que quede como debe.

Extremadura

Patatas revolconas

Hay a quienes nos recuerda mucho a las gachas manche-
gas. No es solo de Extremadura. También se cocinan en
Castilla La Mancha, Salamanca o Ávila se pueden comer
algunas de las mejores, sin que nadie se atreva a decir que
no son típicas de allí.

INGREDIENTES

- 1 kg. de patatas
- 4 dientes de ajo
- 2-4 tiras de panceta adobada
- Una cucharada de pimentón dulce de La Vera

- Una cucharada de pimentón picante
- Entre 5 cucharadas y ½ vaso de aceite de oliva
- Sal

ELABORACIÓN

— Cocemos las patatas con piel durante unos 35 minutos (o
hasta que estén bien hechas, para lo que iremos comprobando pinchándolas con un tenedor, pasados 25 minutos)
y retiramos la piel.

— Sofreímos los ajos cortados en láminas en aceite abundante
hasta que estén dorados.

— Retiramos los ajos y freímos la panceta cortada en trozos
pequeños, de unos 5 milímetros de ancho, hasta que quede
crujiente, a modo de torreznos.

— Retiramos la carne y reservamos.

— Sofreímos los pimentones en el aceite. Añadimos una cucharadita de sal

— Cortamos las patatas en trozos pequeños y, con el fuego apagado, los agregamos al aceite de freír la carne. Vamos removiendo y aplastándolas con un tenedor hasta que se deshagan totalmente las patatas y quede como un puré.

— Probamos de sal y añadimos más si lo consideramos necesario.

— Se sirve en pequeñas cazuelas poniendo un par de cucharadas de puré y una de torreznitos de panceta.

Cochifrito a la extremeña

🗑 INGREDIENTES

- 1 kg. de cochinillo troceado
- 8 dientes de ajo
- Abundante aceite de girasol
- Una hoja de menta fresca o unas ramitas de albahaca
- Una pizca de orégano
- Una pizca de tomillo
- Aceite de oliva

- Un chorro de vino blanco
- Una pizca o dos de pimentón de La Vera
- Abundante harina para enharinar
- 1 hoja de laurel
- Sal

🍲 ELABORACIÓN

— Hay quien macera el cochinillo en el ajo majado, con el pimentón, un buen chorro de vino, sal y las especias el día ante. En este caso, más ortodoxo, sáltate los dos siguientes pasos.

— Cocinamos el cochinillo troceado en abundante agua con sal durante 25 minutos a potencia media-baja, y con la tapadera puesta.

— Dejamos atemperar durante 30 minutos fuera del fuego, escurrimos muy muy bien y enfriamos en la nevera durante 15 minutos.

— Escurrimos y secamos bien el cochinillo. Es importante, como digo, que quede bien escurrido.

— Salpimentamos y enharinamos el cochinillo. Escurrimos a conciencia el exceso de harina, pero debe quedar todo enharinado.

— Calentamos abundante aceite de girasol en una sartén profunda a fuego fuerte.

— Freímos el cochinillo, trozo a trozo y por cada lado para no enfriar el aceite.

— No hacemos demasiado el cochinillo y lo reservamos. Lo escurrimos bien de aceite.

— Desechamos el aceite de girasol para esta receta y en una sartén profunda ponemos un chorro de aceite de oliva virgen extra, los ajos machacados y llevamos al fuego a temperatura media.

— Una vez dorados los ajos, los retiramos y añadimos el laurel.

— Antes de que se queme el laurel añadimos el cochinillo, 2 dientes de ajo frito majados y el pimentón (siempre menos de ½ cucharadita de café) y removemos.

— Antes de que se queme el pimentón añadimos un chorrito de vino blanco, bajamos el fuego al mínimo y volvemos a remover todo.

— Añadimos las hierbas bien picadas y volvemos a remover una última vez.

— Dejamos cocinar 2-3 minutos más a fuego vivo, lo sacamos y lo escurrimos en papel absorbente.

Caldereta extremeña

INGREDIENTES

- 1 kg. de cordero o cabrito troceado con su hígado
- Una cebolla grande
- 1-2 pimientos rojos (uno grande o 2 pequeños)
- 5 dientes de ajo
- 2 hojas de laurel
- ½ vaso de vino blanco
- Una cucharadita rasa de pimentón de La Vera
- ½ vaso y un chorrito más de aceite de oliva virgen extra
- Una cucharada colmada de harina
- Sal

ELABORACIÓN

— Sazonamos bien la carne.

— En un caldero o cacerola freímos a fuego medio los dientes de ajo, enteros pero pelados, en el aceite de oliva virgen extra.

— Sacamos los ajos, reservamos y subimos el fuego a tope.

— Freímos bien el hígado y lo reservamos y vamos friendo los trozos de cabrito o de cordero a fuego vivo, en el mismo aceite. Todos a la vez.

— Bajamos el fuego, una vez dorado el cordero y añadimos la cebolla. Hay quien añade también pimiento a este sofrito, pero es muy invasivo.

— Vamos removiendo para integrar todo y vamos añadiendo la harina poco a poco.

— Cocinamos la harina durante un par de minutos y añadimos el pimentón.

— Integrado todo en el aceite y tostado el pimentón, iremos echando poco a poco el caldo hasta cubrir la carne.

— Seguiremos moviendo para integrar todo y subimos el fuego a potencia media-alta.

— Una vez comience a hervir, añadimos el vino blanco y el laurel y tapamos el caldero, y bajamos el fuego a potencia media-baja. Dejamos cocinar 45 minutos comprobando que esté cubierto el cordero casi al completo.

— Con la ayuda de una batidora realizaremos una pasta fina con los ajos fritos, dos granos de pimienta, un chorro de vino, y los pimientos.

— Pasados los 45 minutos de cocción añadimos la pasta anterior al guiso, removemos y dejamos cocinar 15 minutos más.

— Hay quien añade patatas fritas cortadas en dados al guiso, que considero ideales e incluso parte de la propia receta.

Cabrito asado

INGREDIENTES

- Un cabrito lechal de unos 4 kg. o ½ cabrito
- Manteca de cerdo (unos 150 gr. aproximadamente)
- Una cucharada de tomillo picado (o molido)
- Una cucharada de orégano
- Una pizca de comino
- 3 dientes de ajo
- ½ vaso de vino blanco
- Agua
- Sal

— Necesitaremos tener una noche el cabrito en una especie de "adobo": Preparamos un majado con manteca de cerdo, 3 dientes de ajo, orégano, tomillo y sal y embadurnamos el cabrito con ella. Lo envolvemos con film y lo guardamos en la nevera.

— Precalentamos el horno casi a máxima potencia.

— Disponemos el cabrito en una fuente de barro con la piel para abajo, volvemos a salar generosamente y lo metemos en la mitad del horno.

— Echamos el vaso de agua y una cucharada de manteca en la fuente de barro y bajamos el horno a 180 grados.

— Horneamos durante 10 minutos, echamos mitad del vino por encima del cabrito y repetimos la operación 10 minutos después. Sumamos ya 20 minutos de horneado.

— Bajamos el horno a 160 grados y dejamos hornear durante 60 minutos más.

— Cada 15-20 minutos iremos regando el cabrito con los jugos de la fuente.

— Damos la vuelta al cabrito y lo ponemos a 220 grados hasta que quede bien dorado por arriba. Esto no debe llevar mucho más de 25 minutos.

— El punto del cabrito se mide pinchando con un palo de madera y si cuesta pincharlo es que le queda más tiempo.

Galicia

Pote gallego

INGREDIENTES

- 250 gr. de alubias blancas
- 2 chorizos ahumados
- 400 gr. aproximadamente de carne de ternera para guisar (morcillo, falda, etc)
- 250 gr. aproximadamente de lacón
- 2 huesos de espinazo
- 1 cucharada colmada de unto
- 400 gr. de costilla salada
- 4 patatas gallegas
- 1 manojo de grelos

ELABORACIÓN

— Requiere dos días para desalar las carnes y para ello las lavamos bajo el grifo (costilla, lacón, espinazo y tocino) para quitar el exceso de sal y los sumergimos en agua fría en una cacerola grande. Cambiamos el agua cada 8-10 horas aproximadamente durante dos días.

— Tendremos también en remojo las alubias durante unas 14 horas.

— Cambiamos el agua una última vez, volvemos a cubrir las carnes con agua, añadimos el unto y las llevamos a ebullición a fuego medio-alto.

— Vamos desespumando durante una media hora.

— Bajamos el fuego a fuego medio-bajo, añadimos las alubias, un chorro de agua fría y tapamos la cacerola.

— Pasados una hora de cocción (asegurándonos de que esté

todo bien cubierto de agua y que no se está agarrando al fondo) añadimos los chorizos, las patatas chascadas y dejamos cocinar durante media hora más.

— Pasada la media hora de cocción retiramos las carnes. Y las cortamos en trocitos y las reservamos.

— Probamos el punto de las alubias y de sal. Lo normal es que las alubias y las patatas estén perfectas, pero quizá el fuego estuviera demasiado bajo y le falte algo de tiempo de cocción.

— Limpiamos los grelos, les quitamos los tallos gruesos, los escaldamos y los añadimos al guiso junto con las carnes.

— Dejamos cocinar a fuego bajo durante 15 minutos y listo para disfrutar. Aunque, como casi todos los guisos de cuchara, estará mejor al día siguiente.

Lacón con grelos

INGREDIENTES

- 2 chorizos frescos y, a poder ser, ahumados.
- 4 patatas gallegas
- 1 lacón de unos 2 kg., que sobrará…
- 2 manojos de grelos

ELABORACIÓN

— Limpiamos el lacón sobre el grifo y lo sumergimos en agua en una cacerola. Cambiamos el agua durante un día entero cada 8 horas.

— Cocinamos a fuego medio-bajo el lacón en abundante agua en una cacerola del tamaño apropiado y con la tapadera durante 45 minutos. Tiene que burbujear ligeramente, de lo contrario no se está cocinando.

— Pelamos las patatas y las añadimos al guiso.

— Pinchamos los chorizos y los añadimos.

— Dejamos cocinar durante 25 minutos más a fuego bajo y con la tapadera.

— Limpiamos los grelos bajo el grifo, le quitamos las hojas pochas y los tallos gruesos y los añadimos al guiso. Tapamos y dejamos cocinar a fuego bajo durante 15 minutos más.

Empanada gallega

INGREDIENTES

- 300 gr. de harina de fuerza
- 300 gr. de harina de trigo (normal o de repostería)
- 30 gr. de levadura de panadería
- Una cucharada de manteca de cerdo
- 10 cucharadas de aceite (el que sobre del sofrito es la ideal)
- Un chorro de aceite de oliva virgen extra para la masa
- 3 huevos, uno para pintar y 2 cocidos

- ½ cucharadita de sal (para la masa) y un par de pizcas para el sofrito
- Un chorrito de vino blanco
- 2 cebollas grandes
- 1 pimiento verde
- ½ cucharada de pimentón
- 2 latas de pimiento morrón
- 2 latas pequeñas de atún
- Abundante aceite de girasol de calidad

— Cocemos 2 huevos, los pelamos y los reservamos.

— Cortamos las cebollas y el pimiento verde en brunoise, en taquitos, de alrededor de ½ centímetros y los sofreímos a fuego medio en aceite de girasol, con una pizca de sal. Tenemos que poner un exceso de aceite para poder reutilizarlo después para la masa.

— Podemos tapar el recipiente para ayudar a pochar la cebolla.

— Vamos removiendo y cuando la cebolla comience a ponerse transparente, subimos un poco el fuego, añadimos el pimiento morrón (cortado igual que las verduras anteriores) y, a continuación. el pimentón. Removemos e integramos el pimentón y retiramos del fuego.

— Reservaremos el aceite por lo que escurrimos las verduras en un colador (con un recipiente debajo) y las dejamos enfriar ahí

Comenzamos ahora con la masa:

— Diluimos la levadura y la sal en agua tibia en el equivalente a una taza de desayuno o vaso de caña.

— En un cuenco de gran tamaño añadimos la harina y vamos añadiendo el agua poco a poco y la vamos integrando con ayuda de cubiertos, o con las propias manos (te las puedes aceitar las manos antes para que no se pegue tanto).

— Añadimos un chorro pequeño de vino blanco.

— Continuamos amasando y añadimos ahora una cucharada de manteca de cerdo, mejor derretida…

— Añadimos 10-12 cucharadas de aceite del sofrito (guarda el resto o no) y un chorro de aceite de oliva virgen extra y continuamos amasando.

— Podemos descansar de vez en cuando, pero si no tienes un procesador o amasador es lo que hay.

— Es posible que haya que añadir algo más de harina o de agua, pues no todas las harinas son iguales.

— Una vez integrados todos los ingredientes de la masa, hacemos dos bolas y las dejamos reposar 30 minutos en un lugar templado y tapadas con film o con un trapo; y mientras podemos hacer el relleno y aceitar el molde.

— En un recipiente adecuado (un cuenco, una fuente mediana, etc.) añadimos las latas de atún escurrida y desmenuzada en tacos del tamaño de media yema de dedo (unos 50 milímetros). Al atún le añadimos el sofrito y removemos. Cortamos los huevos y los añadimos sin remover mucho más, solo distribuirlo).

— Con ayuda de un rodillo (o incluso un vaso de tubo) y sobre una superficie enharinada extendemos una de las bolas obteniendo una lámina uniforme de unos 3 milímetros, (unas 35 páginas de un libro…). Podemos hacer lo mismo con la otra bola. Y también podemos reservar un poco de la masa para decorar, por si luego no sobra de los bordes.

— Disponemos una de las dos láminas de masa en un molde de horno del tamaño adecuado, el tamaño de la lámina nos da una pista, que habremos engrasado previamente.

— Sobre la masa, y respetando un margen de ½ centímetros por los bordes, dispondremos el relleno. El relleno tiene que estar dispuesto de forma uniforme y sin "montañitas".

— Sobre el relleno dispondremos otra lámina de masa. Retiramos el sobrante de masa.

— Aplanamos ligeramente con la palma de las manos. Con las yemas de los dedos aplastamos ligeramente por los bordes, que deberán estar libres de relleno.

— Vamos plegando el borde sobre sí mismo de forma uniforme, dejando visible el pellizco realizado para sellar la empanada. Podemos ayudarnos de huevo batido para pegar todos los pellizcos, sobre todo para ayudarte con los resistentes.

— Decoramos la empanada con la masa restante, formando filigranas, circulitos o nada de nada. Pintamos bien con huevo batido y horneamos a 180 grados durante 25-30 minutos.

Garbanzos con callos

Los callos gallegos tienen menos cantidad de callos que los madrileños (que incluso se comen sin garbanzos) o los andaluces. Es una receta en la que el garbanzo es el protagonista.

🔾 INGREDIENTES

- 400 gr. de garbanzos
- 200 gr. de callos de ternera
- Un trozo de pata de ternera que quepa bien en la olla
- 2 chorizos frescos
- Un trozo de panceta de unos 150-200 gr.
- 150 gr. de oreja (opcional)
- Una cebolla

- Una cabeza de ajos cortada al centro
- Un grano de pimienta
- 6 tomates
- Aceite de oliva
- Laurel
- Pimentón
- Una guindilla

— Ponemos en remojo los garbanzos en agua templada durante 14 horas cambiando el agua un par de veces.

— Hacemos lo mismo con los callos, cubriremos con agua a la que añadiremos el zumo de un limón. Podemos cambiar el agua con limón.

— Cocemos los garbanzos: En una olla con agua hirviendo agregamos la legumbre y la cocinamos junto con 2 hojas de laurel, la cebolla pelada y cortada por la mitad, media cabeza de ajos cortada al medio (la mitad más íntegra, que será la de la raíz) un tomate cortado por la mitad, dos cucharadas de pimentón, el grano de pimienta machacado, la guindilla y una cucharadita de sal. Deben estar cubiertos de agua, al menos un dedo y no mucho más. No metas el dedo para medir tontorrón…

— Los cocinamos durante 90 minutos (hora y media) a fuego medio y con tapa, o en olla exprés durante unos 35 minutos. No es muy ortodoxo, pero podemos añadir oreja de cerdo bien troceadita para dar untuosidad al guiso.

— Mientras, escurrimos y cortamos en trozos pequeños, y los cocemos en abundante agua salada (probar de sal) durante 20 minutos.

— En una cacerola a fuego medio con un buen chorro de aceite de oliva, y mientras se va calentando, la otra mitad de la cabeza de ajos que teníamos cortada, la sofreímos bien y retiramos: Sin dejar de remover, echamos el chorizo cortado en rodajas generosas, dejamos sofreír un minuto; añadimos la panceta cortada en trozos pequeños, dados de medio centímetro más menos, y removemos para inmediatamente añadir los tomates triturados.

— Dejamos cocinar sin dejar de remover durante 10 minutos.

— Añadimos los callos escurridos, removemos y luego los garbanzos con parte de su agua de cocción o toda si hiciera falta. Meneamos que no movemos para no romper los garbanzos.

— La verdura de cocer los garbanzos la podemos triturar, quitando el laurel y lo que no sea comestible, y agregarla al guiso.

— La pata de ternera la deshuesaremos, limpiaremos cortaremos la carne en trozos y la agregamos al guiso.

— Momento para probar el punto de sal.

— Dejamos cocinar todo junto durante otra una hora más fuego medio-bajo o hasta que quede todo integrado y los garbanzos blandos.

Ojo que el **truco** para que no se queden duros los garbanzos es remojarlos en **agua templada, cambiar el agua** del remojo varias veces durante las 16 horas de remojo con agua templada, añadir la legumbre cuando esté hirviendo, y **no agregar agua fría** una vez comience la cocción y no parar la cocción hasta que estén blandos.

— Vamos meneando y nos aseguramos de que no se agarre y de no moverlo demasiado para no estropear y despellejar los garbanzos.

Islas Baleares

Tumbet

Significa tumbado literalmente, porque pasa por ser una exquisitez de verduras tumbaditas y perfectamente horneadas.

INGREDIENTES

- 6 patatas
- Una berenjena
- 2 cebollas
- Un calabacín
- Un pimiento verde italiano
- Un pimiento rojo
- Un diente de ajo
- 10 tomates muy rojos
- Una cucharada de azúcar
- Sal y pimienta
- Aceite de oliva
- Harina para rebozar
- Mejorana
- Orégano
- Albahaca

ELABORACIÓN

— Pelamos y despepitamos los tomates, los picamos.

— Pelamos y picamos una cebolla en *brunois*.

— Pelamos y picamos 2 dientes de ajo, los sofreímos y añadimos los tomates picados, la cebolla y un poco de azúcar.

— Añadimos un poco de pimienta y, a fuego medio cocinamos durante unos 20 minutos

— Lavamos el calabacín, pimientos, las patatas y las berenjenas y las cortamos en rodajas.

— En una sartén del tamaño adecuado o incluso un wok añadimos aceite en abundancia, preferiblemente aceite de oliva virgen extra, lo calentamos y vamos friendo el calabacín y las patatas.

— Enharinamos la berenjena y la freímos en abundante aceite y reservamos.

— Salpimentamos las verduras ya cocinadas.

— En una fuente de horno, si es un pelín profunda mejor, vamos incorporando las verduras por capas y añadimos la salsa de tomate que hemos hecho con anterioridad.

— Añadimos orégano y de opcionalmente mejorana.

— Horneamos a 180ºC durante unos 20 minutos.

— Es un plato que se sirve caliente y que podemos adornar con albahaca.

Bullit de Peix

🖩 INGREDIENTES

- 1 kg. de pescado de roca
- 3 o 4 dientes de ajo pelados
- Un manojo de perejil, 1 o 2 tomates pelados y troceados
- 7 u 8 patatas
- Azafrán
- Aceite de oliva
- Sal

🍲 ELABORACIÓN

— Limpiamos el pescado y reservamos las espinas y las cabezas con el que iremos haciendo un fumet de pescado.

— Salamos el pescado limpio (en exceso, con mucha sal).

— Una vez casi tengamos el fumet preparado (unos 15 minutos):

— Cortamos las patatas por la mitad y pelamos y cortamos los tomates.

- Ponemos aceite en una cazuela honda y sofreímos las patatas.
- Trituramos los ajos, el perejil y los tomates y los añadimos al guiso.
- Agregamos el fumet hasta cubrir las patatas y lo dejamos hervir unos 10 minutos.
- Tostamos 4-5 hebras de azafrán y lo añadimos al guiso.
- Limpiamos el exceso de sal del pescado pasándolo bajo el grifo y lo añadimos. El pescado tiene que estar cubierto de líquido, por lo que añadimos más en caso de ser necesario.
- No debemos remover el pescado, sí tratar de despegar el fondo, pero con mucho cuidado porque podríamos deshacer el pescado y arruinaríamos el guiso.
- Lo llevamos a ebullición, bajamos el fuego casi al mínimo y dejamos hervir unos, al menos, 12 minutos hasta que el pescado esté hecho.
- A partir de aquí estará listo para comer el bullit de peix, pero solo la primera parte pues la segunda se trata de un arroz a banda con el caldo que haya sobrado.
- Para la segunda parte, el segundo plato, solo tenemos que hervir un puñado de arroz y un poquito más por persona con el caldo que haya sobrado.

La Rioja

Patatas a la riojana

📇 INGREDIENTES

- ½ kg. de chorizos
- Un cebolla
- 3 dientes de ajo
- Un pimiento rojo
- Un pimiento verde
- 2 kg. de patatas
- Un chorro de aceite de oliva virgen extra

- Un litro de caldo de ave
- 2 hojas de laurel
- Una cucharada de pimentón duce y otra de pimentón picante
- Un chorro de vino blanco opcional

🍲 ELABORACIÓN

— Picamos la cebolla, los ajos y los pimientos.

— En una olla mediana echamos un chorro de aceite y llevamos al fuego.

— Una vez caliente rehogamos la verdura y añadimos el laurel.

— Cortamos los chorizos en rodajas y los añadimos al guiso.

— Pelamos las patatas y las chascamos sobre el guiso en trozos de unos 4-5 centímetros cuadrados.

— Una vez añadidas las patatas echamos los pimentones y removemos con cuidado de no romperlas.

— Podemos echar un chorro de vino y cubrir con el caldo de ave.

— Hervimos durante unos 15 minutos a fuego medio.

— Comprobamos que estén blandas las patatas y listo.

Menestra de verduras

🗇 INGREDIENTES

- 200 gr de habas verdes
- 150 gr de judías verdes
- 2 patatas grandes o 3 medianas
- 100 gr. de jamón serrano en tacos
- Un litro de caldo
- 100 gr. de guisantes
- 100 gr. de champiñones
- 1 cebolla
- 8-10 espárragos verdes

- 1 tomate maduro
- 3 dientes de ajo
- ¼ de coliflor mediana
- 2 zanahorias medianas u 8 zanahorias baby
- 1 calabacín
- Aceite de oliva virgen
- Una pizca de pimienta
- Sal

🍲 ELABORACIÓN

— Pelamos las zanahorias (sin son baby tal cual) y las cortamos en *brunoise* y hacemos lo mismo con el calabacín.

— Picamos el ajo y la cebolla y los sofreímos en aceite de oliva virgen extra.

— Una vez transparente la cebolla añadimos la zanahoria, los espárragos y el tomate rallado.

— Sofreímos un par de minutos y agregamos el calabacín en brunoise. Echamos una buena pizca de sal.

— Dejamos reducir a fuego medio durante unos minutos y añadimos medio litro de caldo que llevaremos a ebullición.

— Iremos incorporando el jamón en tacos, la coliflor desmenuzada, y dejamos cocinar a fuego medio y con la tapadera durante 5 minutos.

— Momento de agregar las habas verdes, dejamos cocinar 5 minutos más y añadimos las judías verdes limpias y cortadas en cuadrados de un dedo.

— Dejamos cocinar a fuego medio-bajo y con la tapadera 5 minutos más y añadimos las patatas peladas y chascadas y los champiñones.

— Cubrimos de caldo y dejamos cocinar con la tapa 10 minutos.

— Probamos de sal y el punto de las patatas y añadimos los guisantes, que deben cocinarse al menos 3 minutos.

Madrid

Cocido madrileño

También es un cocido, como el maragato, en 3 vuelcos: La sopa, los garbanzos y la carne con la verdura.

🏋️ INGREDIENTES

- 450 gr. de garbanzos
- 4 puñados grandes de fideos
- ½ pollo o ½ gallina
- Un trozo grande de panceta
- Un hueso de tuétano (rodilla por ejemplo)
- Un hueso de jamón
- Una punta de jamón
- Un hueso de caña
- Un hueso de espinazo salado
- 5 patatas
- Un trozo de tocino salado
- ½ repollo
- 3 chorizos frescos
- 3 morcillas
- 2 zanahorias
- Un puerro
- Una penca de apio
- Un nabo

🍲 ELABORACIÓN

— Pelamos las verduras y las metemos en una cacerola en una olla o cacerola junto al resto de ingredientes, salvo el repollo y las patatas. Los garbanzos se meten en una maya para poder rescatarlos luego.

— Los garbanzos no los añadiremos hasta que comience a hervir el guiso.

— Cubrimos de agua y llevamos a ebullición. Tapamos y dejamos cocinar a fuego medio durante 90-120 minutos a fuego medio y tapado, asegurándonos de que está cubierto de líquido y de que no se agarre al fondo.

— 30 minutos antes, metemos las patatas peladas en la cacerola y dejamos cocinar hasta que estén blandas.

— Hervimos aparte el repollo limpio, cortado en juliana durante 1 hora. Hay a quien le gusta echarlo en el propio cocido, pero da mucho sabor a la sopa.

— El repollo se sofríe en aceite con ajito o se hace una fritada de ajitos y se le echa por encima. Hay quien añade incluso una cucharadita de pimentón al sofrito al final, para que no se queme.

— Una vez tierno el garbanzo, se cuela parte del caldo para hacer una sopa

— Llevamos a ebullición el caldo, añadimos los fideos y dejamos cocinar unos 4-5 minutos a fuego medio y dejamos reposa.

— Ya tenemos las 3 partes de este cocido: La sopa, los garbanzos con la verdura y la carne.

Callos a la madrileña

🖾 INGREDIENTES

- 4 chorizos
- 2 morcillas frescas y una asturiana ahumada
- 1 kg. de callos limpios de ternera
- Una manita de cerdo
- Un trozo de estómago de ternera de unos 300 gr.
- ½ kg. de morro de cerdo
- ½ pata de ternera cortada en trozos
- Una oreja de cerdo muy troceada
- Una punta de jamón
- Un trozo de unos 200 gr. de panceta
- 100 gr. de tocino salado

- 2 dientes de ajo
- Una cebolla
- Una pizca de pimienta negra molida y otra pizca de pimienta blanca molida.
- Una zanahoria
- Una hoja de laurel
- 2 tomates rallados
- Una cucharada de pimentón de La Vera
- Una cucharada de pimiento choricero
- Un clavos de olor
- 2 granos de pimienta
- Un chorro de aceite de oliva virgen extra

☎ ELABORACIÓN

— Salvo el chorizo y la morcilla, cortamos las carnes del tamaño deseado, lo normal es cortarlas en trozos de unos 2 centímetros.

— En una cazuela u olla del tamaño apropiado freímos los ajos laminados a fuego suave en aceite de oliva virgen extra.

— Apagamos el fuego y retiramos los ajos.

109

— En ese aceite aún caliente tostamos el pimentón, encendiendo el fuego si fuera necesario.

— Añadimos el resto de especias.

— Añadimos la zanahoria pelada y cortada en 2-3 trozos y la cebolla pelada entera.

— Subimos y el fuego y agregamos todo: Primero el tomate rallado, el pimiento choricero, el laurel, hay quien le echaría un chorrito de vino y después añadimos las carnes troceadas, salvo el chorizo y la morcilla. Cubrimos de agua y llevamos a ebullición.

— Una vez hirviendo removemos y bajamos el fuego a la mitad.

— En unas 4 horas estará listo para comer, si es en olla a presión será cuestión de 1 hora y media.

— En alrededor de 90 minutos deberemos añadir el resto de ingredientes: Las morcillas ahumadas y los chorizos (hay quien las hierve primero en agua); además de retirar la cebolla, las zanahorias, las hojas de laurel, el clavo y todo lo que nos resulte desagradable.

Murcia

Michirones

🍳 INGREDIENTES

- 300 gr. de habas secas
- Un hueso de jamón
- 100 gr. de panceta
- Un chorizo fresco
- 3 dientes de ajo
- Una cucharada de pimentón

- 2 guindillas cayena
- Un chorro de aceite
- Una pizca de pimienta
- Una pizca de sal
- Opcional: caldo de jamón para ir cubriendo las habas

🍲 ELABORACIÓN

— Ponemos en remojo las habas durante 24 horas.

— Todo sobre la misma olla o cacerola: Rehogamos 5 dientes de ajo bien picaditos y 2 guindillas también bien picaditas. Y cuidado con lo que tocas luego.

— Apagamos el fuego y echamos un par de cucharadas de pimentón mientras removemos.

— Añadimos una pizca de pimienta, los chorizos en rodajas, la panceta en daditos y después dos cucharadas de pimentón.

— Subimos el fuego y removemos.

— Sobre la mezcla anterior, echamos las habas remojadas, una hoja de laurel y el hueso de jamón, cubrimos de agua y tapamos.

— Llevamos a ebullición, bajamos el fuego (un tercio de la ruleta de potencia), destapamos, meneamos la olla y dejamos que cueza durante una hora (60 minutos).

— Vigilamos que no se pegue y, en cuanto estén tiernas las habas, ya podemos engullir.

— Espolvoreamos con perefil picado y a comer.

Arroz caldoso o caldero murciano

Se trata de un plato en "dos vuelcos" como el bullit de peix. Por un lado se come el arroz y por otro el pescado, todo acompañado del auténtico alioli (ajo y aceite).

INGREDIENTES

- 400 gr de arroz de grano grande
- 1 kg. de morralla
- 1 kg. del pescado más "noble", por ejemplo lubina
- 1 dorada de ración
- 1 cabeza de rape pequeño o de cazón

- 4 ñoras
- 4 tomates maduros
- ½ cucharadita de azúcar moreno
- 2 dientes de ajo
- Aceite de oliva virgen
- Sal

ELABORACIÓN

— Tendremos preparado o compraremos un buen alioli y una cuchara de madera para remover.

— Cocinamos la morralla y las cabezas y la punta de las colas de los pescados con la tapadera, en abundante agua (al menos 4 litros) y a fuego medio, para realizar el fumet. Una vez comience a hervir, removemos bien aplastando la morralla y la cabeza, tapamos de nuevo y dejamos cocinar a fuego medio-alto durante 60 minutos, con la tapadera "dejada caer" (para que no salpique y para que reduzca).

— Mientras, en un caldero o en cazuela, echamos un buen chorro de aceite, lo ponemos a fuego medio y sofreímos las ñoras, dándoles la vuelta y con cuidado de que no se quemen. Retiramos las ñoras y las reservamos.

— Pelamos los ajos y los freímos en ese mismo aceite 10-12 dientes de ajo. Retiramos y reservamos.

— En el mismo aceite sofreímos rápidamente 6-8 hebras de azafrán y las reservamos.

— En un vaso para triturar echamos parte del aceite de sofreír, 5 dientes de ajo, el azafrán, las ñoras y un chorro de agua y trituramos bien con una batidora o procesador. Reservamos la pasta.

— Pasados los 60 minutos del fumet al fuego, lo colamos aplastando la cabeza y los pescados para aprovechar los jugos y ponemos de nuevo el fumet colado a fuego medio-bajo. Desechamos la cabeza y la morralla y comprobaremos que esté bien salado.

— Cortamos los pescados en trozos de unos 3 dedos y los sumergimos en el fumet a fuego medio-bajo durante 3 minutos. Pasados los 5 minutos retiramos del fuego y dejamos atemperar durante unos minutos.

— Escaldamos, pelamos y rallamos los tomates sobre el caldero que teníamos con aceite y lo ponemos a fuego medio sin dejar de remover.

— Una vez empiece a hervir el tomate añadimos una pizca de sal y media cucharadita de azúcar moreno, removemos bien, bajamos el fuego a potencia media-baja y tapamos.

— Dejamos cocinar durante 25 minutos, en los que no hemos dejado de remover de vez en cuando, y añadimos la pasta de ñoras con ajo y aceite.

— Añadimos al caldero 2 litros del fumet colado, y sin los pescados, y llevamos a ebullición a fuego alto. Tendremos como 1 litro de fumet reservado.

— Una vez es ebullición, removemos y añadimos poco a poco el arroz, distribuyéndolo de forma equitativa por todo el caldero.

— Removemos durante un par de minutos a fuego fuerte y una vez en ebullición bajamos el fuego a fuego medio-bajo sin dejar de remover otros 2 minutos y tapamos el caldero.

— Removiendo con cuidado, nos aseguramos de que no se agarre el arroz cada 2-3 minutos y de que no le falte caldo.

— Pasados 15 minutos comprobamos el punto del arroz, el punto de sal y la cantidad de líquido, dejamos o no 3 minutos más al fuego pero ya destapado y disponemos las rodajas de pescado sobre el caldero.

— Meneamos, pero sin remover y listo.

— Dejamos reposar, y primero comeremos el arroz y luego el pescado. Este espectáculo viene acompañado, como no, de un auténtico alioli.

Navarra

Pochas a la navarra

Las pochas son judías frescas, no secas como solemos comerlas. No necesitan, por tanto, remojo y su sabor y textura son mucho más delicados.

🖩 INGREDIENTES

- 500 gr. de pochas
- Caldo o agua
- Una zanahoria
- Un puerro
- Un cebolla
- Un pimiento verde
- Un pimiento rojo
- 1 cabeza de ajo
- 2 tomates
- Aceite de oliva
- 1 cucharada de pimentón
- Sal

🍲 ELABORACIÓN

— En una cacerola a fuego medio con un chorro de aceite de oliva hacemos un sofrito con la cebolla picada y el pimiento en *bruniosse*.

— Una vez pochado el sofrito hay pasamos por el "chino" gran parte de este y lo agregamos junto con las pochas.

— Integramos el pimentón y antes de que se queme echamos el resto de ingredientes:

— Añadimos los tomates pelados cortados en cuartos, agregamos las pochas, las zanahorias peladas en rodajas gruesas, la cabeza de ajo entera, el puerro limpio y cubrimos de líquido.

— Removemos, tapamos y dejamos cocinar a fuego suave durante 35-40 minutos.

Pimientos rellenos de bacalao

🗒 INGREDIENTES

- 200 gr. de bacalao
- 8 pimientos del piquillo grandes
- 1 cucharadita rasa de harina
- 100 ml. de leche entera
- 50 ml. de nata de cocinar

- 50 gr. de mantequilla
- Un chorro de aceite de oliva
- 1 diente de ajo
- Perejil picado
- Sal

🍲 ELABORACIÓN

— Desalamos bien el bacalao o lo compramos desalado.

— En una sartén mediana echamos un buen chorro de aceite de oliva y sofreímos desde frío y a fuego suave el diente de ajo laminado.

— Retiramos el ajo y conservamos el aceite, donde vamos a derretir la mantequilla junto con el bacalao desmigado.

— Derretida la mantequilla, añadimos la harina y tratamos de homogeneizar toda la grasa con la harina.

— Removemos durante un par de minutos y subimos el fuego a tope.

— A continuación añadimos la leche poco a poco.

— Una vez hemos echado la leche, y sin dejar de mover, bajamos la potencia del fuego a media-baja.

— Continuamos removiendo y añadimos la nata.

— Removemos constantemente hasta que espese el relleno.

— Añadimos perejil picado y removemos antes de dejarlo enfriar.

— Si vemos que ha quedado muy espeso podemos añadir más leche y volver a calentar hasta integrar.

— Dejamos enfriar un poco durante 25-30 minutos para que espese y para que no nos quememos.

— Rellenamos los pimientos con la bechamel de bacalao y dejamos enfriar en la nevera.

Cardos o alcachofas a la navarra

INGREDIENTES

- Un bote o dos de cardo cocido o una penca generosa o cardo congelado
- Alcachofas (unos 400 gr.)
- Zumo de limón
- 100 gr. de taquitos de jamón
- 2 dientes de ajo

- 1 puñado de almendras crudas
- Una cuchada de harina colmada
- Aceite de oliva
- Sal

ELABORACIÓN

— Si tienes las pencas tal cual tendrás que limpiarlas primero bajo el grifo y luego pelarlas con un pelador para quitarle las hebras externas.

— Cocinamos los cardos troceados y limpios a fuego medio-alto junto con una cucharada de sal y un chorro de limón durante 1 hora.

— Si hemos elegido las alcachofas, limpiamos las hojas exteriores, el rabo y dejamos el corazón que sumergiremos en agua con limón. Las cocemos igual en agua con sal y limón durante 20 minutos a fuego medio-alto y con la tapadera.

— Escurrimos el cardo y reservamos el agua

117

— En una sartén grande sofreímos un ajo chafado en abundante aceite de oliva virgen. Incorporamos el cardo o las alcachofas y salteamos.

— Sacamos los cardos o las alcachofas y los reservamos.

— En la misma sartén a fuego medio añadimos las almendras crudas picadas con un buen chorro de aceite de oliva. Freímos las almendras, incorporamos el ajo y bajamos el fuego casi al mínimo.

— Agregamos la harina y removemos. Si no ha quedado integrada podemos echar un poco más de aceite. Añadimos una pizca de sal ahora.

— Si no se comienza a tostar la harina en 2 minutos habrá que subir un poco el fuego. En ese momento incorporamos el jamón y el cardo; y vamos echando el caldo de cocción, (probaría primero con medio vaso poco a poco).

— Al echar ir echando el caldo y menear la sartén, debe de ir espesando la salsa. Si espesa mucho podemos echar más caldo. Si no espesa, quizá haya que subir el fuego mientras remueves tratando de no destrozar el cardo.

País Vasco

Marmitako

⚖ INGREDIENTES

- 5 trozos generosos de bonito, como 600 u 800 gr.
- 2 cebollas
- 3 dientes de ajo
- Un pimiento
- 2 o 3 tazas de tomate triturado o rallado
- ½ vaso de vino
- Sal

🍲 ELABORACIÓN

— Limpiar el bonito y reservar la espina y la cabeza con la que haremos un fumet hirviendo todo en agua con sal durante media hora a fuego fuerte.

— Cortar el bonito limpio y sin piel en dados de unos dos centímetros, en una plancha o sartén a juego fuerte sellarlo por todas sus caras.

— Retirarlo antes de que esté en su punto y reservar.

— Uno de los trozos lo vamos a picar fino, junto con los recortes negros del resto.

— Picar las verduras y freír primero los ajos, luego las cebollas, luego el pimiento y terminamos añadiendo el tomate y el trozo de bonito que hemos picado fino.

— Llenamos el vaso con el fumet y le añadimos 3-4 cucharadas de harina de maíz o espesante. Movemos constantemente y con algo de "vida" para integrar la harina en el fumet.

— Agregamos parte del fumet a las verduras, el vino y subimos el fuego a tope.
— Con las verduras, el vino y el fumet en plena ebullición agregamos el bonito.
— Removemos dejamos reposar con el fuego apagado durante 5 minutos.

Bacalao al pilpil

🔲 INGREDIENTES

- 4 trozos de lomo de bacalao salado de unos 150 gr. cada uno
- 4 dientes de ajo
- ½ guindilla (a poder ser de la alargada picante, no cayena)
- 2 vasos de caña de aceite de oliva virgen extra
- Sal
- Perejil para decorar (o no)

🍲 ELABORACIÓN

— Limpiamos bajo el grifo y desalamos el bacalao en la nevera entre 36 y 48 horas, cambiando el agua cada 8 horas. Si son trozos gruesos necesitará 48 horas.
— Pelamos y laminamos los ajos y troceamos, en trozos grandes, la guindilla y los sofreímos desde frío en el aceite (en todo el aceite) a fuego medio. Retiramos los ajos y la guindilla y los reservamos
— Bajamos el fuego al mínimo y, una vez atemperado el aceite (puedes dejarlo fuera del fuego un minuto) ponemos los lomos de bacalao con la piel para arriba durante 4 minutos.
— Pasados los 4 minutos, le damos la vuelta al bacalao y lo dejamos 2 minutos más por el otro lado y retiramos del fuego.

— Una vez retirado del fuego dejamos el bacalao 2 minutos más, lo retiramos del aceite y lo reservamos, tanto la sartén con el aceite como el bacalao.

— A partir de aquí, paciencia o un truco rastrero (y otro que lo es menos) que cuento más abajo.

— Dejamos atemperar la sartén o cacerola con el aceite durante 5 minutos apartado del fuego.

— Echamos el líquido que haya soltado el bacalao que tenemos reservado en la sartén con el aceite.

— Cogeremos un colador que entre en la sartén o cacerola en la que hemos frito el ajo y la guindilla y confitado el bacalao.

— Pondremos la sartén o cacerola al fuego con el fuego al mínimo.

— Sobre la sartén realizaremos movimientos circulares con el colador, (por el mango y tal y como lo pondrías si fueras a colar algo sobre la sartén, y tocando muy suavemente con el fondo del colador sobre la base de la sartén o cacerola) tratando de integrar todas las impurezas.

— Con el aceite templado debe de ir espesándose poco a poco. Si te desesperas puedes subirlo un poco pero tiene que estar templado. Si ves que se empieza a espesar por algún punto, trata de moverlo un poco más enérgicamente en ese lugar, tratando de integrar lo que tiene alrededor.

— Una vez convertido en salsa es mejor no tardar mucho, pero solo nos queda colar la salsa en el mismo colador que tenemos en la mano, mantenerla caliente y en movimiento para que no se corte.

— Servimos los lomos de bacalao cubiertos de la salsa y decorado con el ajo laminado y la guindilla y opcionalmente decorado con perejil.

— Si no nos cuaja, aquí ya tenemos dos trucos, uno admitido y otro que me desterrarían de aquellos lares, pero cuela en ignotos en la materia. El primero es echar muy poco a poco medio vasito de agua esperando un poco a que espese, momento en el que habrá llegado el momento de añadir agua. El otro truco muy rastrero es usar un espesante. Por ejemplo, diluir en ese medio vaso de agua 2 cucharadas de harina de maíz y añadirlo todavía más lentamente mientras tratas de integrarlo.

Merluza (o bacalao) a la bilbaína

INGREDIENTES

- 650 gr de lomos de merluza de pintxo (o bacalao desalado)
- 3 dientes de ajo

- 8 cucharadas de aceite de oliva
- 1-2 cucharadas de vinagre

ELABORACIÓN

— Limpiamos bien la merluza (o bacalao) de espinas.

— La cortamos en 4 trozos iguales, 8 si se tratara de una merluza grande.

— En una plancha o, en su defecto, en una sartén del tamaño adecuado, añadimos un par de cucharadas (un chorrito de aceite) y calentamos a fuego vivo.

— Si hemos elegido lomos de bacalao desalado simplemente lo sellamos bien por todos los lados. En caso contrario, sellamos la merluza por ambos lados, lo ponemos por la cara más fría (la contraria a la que acabamos de sellar) bajamos el fuego al mínimo y dejamos 3-5 minutos por cada lado,

3 minutos si hemos cortado la merluza en 8 trozos y 5 minutos si la hemos cortado en 4.

— Apagamos el fuego y dejamos reposar apartado del fuego.

— En una sartén (la misma si no has tenido a mano una plancha o parrilla a mano) sofreímos unos ajos laminados partiendo del aceite en frío.

— Removemos bien y antes de que comiencen a dorarse, en la misma sartén comenzamos a preparar la salsa a la bilbaína añadiendo un poco más de aceite a la sartén si fuera necesario y añadimos el vinagre. Después esta salsa la vertemos sobre el pescado.

Bacalao (o merluza) a la vizcaína

🍲 INGREDIENTES

- 2 dientes de ajo
- 2 cebollas rojas
- 20 gr. de miga de pan
- 5-6 cucharaditas de pulpa de pimiento choricero
- 400 ml. de caldo de verdura

- 1 copa de vino blanco
- Agua
- 3-4 cucharadas de aceite de oliva virgen extra
- Sal

─────── 🍲 ELABORACIÓN SALSA ───────

— Podemos usar pimientos choriceros en lugar de pulpa, que suelen vender en tarros de cristal. Si usamos los pimientos, tendremos que ponerlos en remojo en agua caliente durante 30 minutos y retirar la pulpa (que es lo que usaremos) con una puntilla o cuchillo de pequeño.

— Laminamos los ajos y los doramos, partiendo desde frío y a fuego medio, en aceite de oliva en una cacerola o sartén profunda.

— Agregamos las cebollas cortadas en juliana, añadimos sal, removemos, esperamos a que se doren un poco, y bajamos el fuego casi al mínimo.

— Removemos de vez en cuando, hasta que se haya pochado bien.

— Agregamos la miga de pan y continuamos removiendo hasta integrar la miga.

— Subimos el fuego a tope sin dejar de mover y cuando haya alcanzado el punto de ebullición (cuando salpique mucho…) añadimos el vino y el caldo.

— Sin dejar de remover, llevamos a ebullición, bajamos el fuego de nuevo casi al mínimo y dejamos reducir durante 15 minutos.

— Pasamos todo por el "chino" o pasapuré y reservamos la salsa. La mantendremos caliente.

— En caso de elegir lomos de bacalao desalado, lo sellaremos en una sartén a fuego vivo con un chorrito de aceite de oliva y lo regaremos con la salsa caliente

— En caso contrario, sellamos la merluza por ambos lados en una sartén o cazuela de barro, con una cucharadita o dos de aceite de oliva.

— Agregamos sal y regamos con la salsa hasta cubrir la merluza.

— Tapamos y llevamos a ebullición a fuego medio-alto y, una vez comience a hervir, retiramos del calor.

— Dejamos reposar 4 minutos.

— Si el la pieza es muy grande quizá debamos dejarlo un par de minutos más desde el momento de ebullición.

Cocochas en salsa verde

🍳 INGREDIENTES

- 1 Kg de kokotxas de merluza o de bacalao
- 3 dientes de ajo
- ½ guindilla
- 1 cucharada colmada de harina

- Un buen manojo de perejil fresco picado
- 1 vaso de vino blanco

🍲 ELABORACIÓN

— Limpiamos bien las cocochas y los recortes los ponemos a cocer en un vaso de agua a fuego medio, junto con una rama de perejil.

— En un par de buenos chorros de aceite de oliva sofreímos a fuego medio los ajos picados y la guindilla.

— Añadimos sal a las cocochas y las sofreímos

— Añadimos una cucharada bien colmada de harina y la integramos bien en el aceite.

— Una vez integrada la harina en el aceite subimos el fuego a tope, incorporamos la mitad del perejil y el vaso de vino y parte del caldo de los recortes de cococha bien colado.

— Removemos bien integrando todo y subimos el fuego a tope.

— En cuanto empiece a espesar retiramos del fuego y añadimos el resto del perejil.

Valencia

Paella de pollo o conejo

Podemos hablar de la paella alicantina, la paella valenciana pero la verdad de la verdad es que paella es el recipiente, nunca nos comeremos una paella... Por otro lado, negar el origen de la paella puede traernos muchos problemas, sobre todo en el caso de plasmarlo en algún escrito público y no salir de Valencia si es que te dejan entrar.

Los ingredientes son los siguientes:

Arroz, pollo, garrofons, tomate, ajo, judías verdes, azafrán y a partir de aquí ya podemos tener problemas, pero estos no deben faltar nunca. Las proporciones son lógicas y al gusto de cada uno, pero pongamos que por persona:

📟 INGREDIENTES

- Un puñado de judías verdes, unas 10 para 4 personas
- Un diente de ajo
- Un pimiento verde
- Un pimiento rojo
- ½ pollo troceado o ¼ de conejo por cada 2 personas
- 2 hebras de azafrán

- Un puñadito de judiones garrofóns por cada 4 personas
- 3 tomates rallados o ½ taza de triturado
- 100-110 gr. de arroz por persona (una taza)
- El doble del volumen de caldo de pollo

— Sofreímos bien el pollo en aceite caliente sobre la paella (o paellera) a fuego fuerte y por todos los lados. Tiene que quedar muy dorado. Ojo que salta.

— Echamos los ajos picados y a continuación la verdura cortada en trozos de menos de ½ centímetro cuadrado.

— Bajamos el fuego a potencia media y removemos.

— Cuando la verdura esté pochada añadimos el tomate y subimos el fuego.

— Una vez bien caliente el tomate, añadimos el caldo.

— Con el contenido en ebullición añadimos el arroz disponiéndolo en forma de cruz.

— Integramos todo, llevamos de nuevo a ebullición a fuego máximo.

— Una vez en ebullición volvemos a mover y bajamos el fuego.

— Dejamos cocinar 10 minutos y observamos el punto, es posible que le falten otros 7-8 minutos más y otros 3 minutos de reposo.

— Una vez pasados 17-20 minutos, aproximadamente, desde que echamos el arroz a la paellera apagamos.

— Tapamos con trapos o papel de periódico y dejamos reposar 3 minutos.

— Hora de comer.

Arroz a banda

⚖ INGREDIENTES

- 400 gr. de arroz bomba
- 600 gr. de gambas
- 300 gr. de sepia (una sepia mediana)
- Un litro de fumet de marisco y pescado de roca
- 1 diente pequeño de ajo
- 4 tomates medianos muy maduros
- 4 hebras de azafrán
- Una cucharada de pimentón o 3 ñoras
- Dos buenos chorros de aceite de oliva
- Sal
- Alioli

☎ ELABORACIÓN

— Contaremos con papel de periódico o trapos limpios, una paella, conocida en casi toda España como "paellera" y un fuego adecuado.

— Rallamos el tomate y reservamos la pulpa.

— Ante tal cantidad de gambas, lo lógico es hacer un fumet con las cáscaras y las cabezas, sofritas previamente, como parte del fumet. El fumet debe quedar ligeramente más salado que un caldo.

— Sofreímos las gambas peladas en la paellera a fuego medio, las retiramos y las reservamos.

— El fumet lo tendremos caliente. Podemos sofreír las ñoras y triturarlas con los ajos y añadirlos en el sofrito en lugar del pimentón.

— Cortamos la sepia en brunois, daditos de menos de medo centímetro, y las sofreímos en la paella a fuego medio con un buen chorro de aceite de oliva virgen. No debe saltar el aceite.

— Una vez que tome color, añadimos el ajo picado, las hebras de azafrán cortadas y el pimentón.

— Dorado el pimentón agregamos el tomate rallado y, removiendo de vez en cuando, lo dejamos cocinar 10 minutos a fuego bajo.

— Añadimos el arroz, subimos el fuego a potencia media o media-alta y removemos constantemente.

— Una vez tome temperatura la paella añadimos el fumet caliente, removemos y dejamos cocinar durante 17 minutos a fuego suave. Debemos probar el punto de sal antes de que el arroz absorba el líquido.

— Apagamos el fuego, tapamos la paella con los trapos o el periódico y lo dejamos reposar 4 minutos.

— Se acompaña de alioli.

Un dulce final

Flan

INGREDIENTES

- 8 huevos
- 250 ml de nata
- 1 litro de leche entera
- Esencia de vainilla

- 250 Gr de azúcar
- 10 gr., de almidón de maíz

* En este caso para 8 personas, considero que ya puestos lo menos es hacer 8 flanes, de lo contrario, divide las cantidades por la mitad.

ELABORACIÓN

— Podemos hacer el caramelo con 50 gr. de azúcar y un buen chorro de agua a fuego suave en una cacerola pequeña. Vamos removiendo y retiramos del fuego en cuanto empiece a oscurecer.

— Batimos todos los ingredientes, salvo 50 gramos de azúcar, que reservamos.

— Lo batimos todo bien y lo disponemos sobre moldes individuales caramelizados y volvemos a cubrir con caramelo.

— Cubrimos de agua una bandeja de horno y sobre ella ponemos los flanes.

— Precalentamos el horno a 180 grados y metemos la bandeja de horno con el agua y los moldes de los flanes durante 55 minutos.

— Pasados 55 minutos pinchamos con un palillo el flan y comprobamos que salga bastante limpio. Seguramente le queden otros 5- 10 minutos más.

— Dejamos enfriar y a comer.

Pestiños

🍳 INGREDIENTES

- Entre un vaso y medio y 2 vasos de aceite de oliva, 400 ml.
- 1 kg. de harina
- Un vaso de vino blanco
- 50 ml., unos dos chupitos de aguardiente seco
- Una cucharada de azúcar
- Una pizca de sal
- La ralladura de un limón

- La cáscara de una naranja
- 50 gr. de matalahúva (anís)
- 15 gr. de canela
- 85 gr. de ajonjolí (semillas de sésamo y) 10 más para decorar
- 300 gr. de miel
- ½ vaso de agua

🍲 ELABORACIÓN

— Nos podemos ayudar de un robot de cocina o de una amasadora.

— En una sartén ponemos a calentar el aceite, a fuego medio, junto con la cáscara de naranja y con el anís. Si el sésamo no está tostado podemos tostarlo ahora.

— Removemos y tostamos ligeramente el anís con cuidado de no quemarlo pues tendríamos que desecharlo y empezar de nuevo.

— Sacamos la cáscara de naranja y dejamos enfriar el aceite.

— Añadimos el resto de ingredientes, salvo la harina, (el vino, la canela, las semillas de sésamo, el azúcar, el aguardiente,) y mezclamos bien.

— Añadimos la harina y comenzamos a amasar.

— Amasamos hasta que quede una masa homogénea y dejamos reposar una hora.

— Mientras, para el almíbar (permítanme la licencia,) ponemos la miel con medio vaso de agua en una cazuela a fuego bajo y vamos integrando.

Para hacer los pestiños:

1. Hacemos con la mano bolitas del tamaño deseado (como referencia para un pestiño pequeño sería la de una albóndiga pequeña y para un pestiño normal sería tamaño de una albóndiga de toda la vida)

2. La aplastamos y la aplanamos un poco más con un rodillo de lado a lado sobre una superficie poco adherente o engrasada.

3. Juntamos o plegamos dos de sus extremos juntándolos hacia el centro. Ya tenemos los pestiños crudos.

— En una sartén ponemos aceite de girasol a fuego medio y vamos friendo los pestiños. Y cuando tomen el color deseado (tostaditos que no negros) los escurrimos y los disponemos en una fuente.

— Fritos todos los pestiños echamos el "almíbar" por encima y dejamos enfriar en la nevera. En este momento, podemos decorarlos con semillas de sésamo o incluso con mini-bolitas de colores.

Torrijas

Las hay de vino y de leche, estas son las de leche.

INGREDIENTES

- 2-3 huevos
- 4-6 rebanadas de pan
- Canela en polvo 10-15 gr.
- Una rama de canela

- Un vaso de leche
- 100 gr. de azúcar
- 50 gr. de miel
- 100 ml. de agua

ELABORACIÓN

— Hacemos el almíbar con la mitad de miel que de azúcar, el agua y la canela en polvo, unos 15 gr. o más, eso ya al gusto.

— Hervimos leche con azúcar y canela, y hay quien añade ralladura de limón.

— Cortamos el pan en rodajas, lo empapamos de la mezcla anterior y escurrimos.

— En el huevo batido bañamos las rodajas empapadas, que deberemos escurrir un poco para que se adhiera mejor el huevo.

— Freímos el resultado en el abundante de girasol. Tienen que adquirir un color tostado oscuro.

— Bien escurridas y pasadas por papel absorbente, disponemos las rodajas en una fuente.

— Bañamos con el almíbar dejamos reposar.

— Espolvoreamos con canela o azúcar glass.

Filloas

- 8 huevos medianos o 7 grandes
- ½ litro de caldo o leche entera
- 25 gr. de mantequilla sin sal o manteca
- 250 gr. de harina
- Un trocito de tocino fresco
- Vaso de agua o de caldo
- Una cucharada de azúcar
- Una pizca de sal

ELABORACIÓN

— Batimos la leche o caldo con los huevos, el azúcar la sal, la mantequilla derretida y templada, y vamos agregando poco a poco la harina tamizada.

— Una vez que tiene una consistencia homogénea reservamos.

— Calentamos una sartén y la untamos bien con el tocino fresco.

— Bajamos el fuego casi al mínimo y echamos un tercio de cazo sopero de la mezcla sobre la sartén, el equivalente a un buen cucharón.

— Meneamos la sartén y repartimos la tortilla por la sartén. Una vez casi cuajada, que es cuestión poco tiempo, le damos la vuelta tirando de un borde y dejamos cocinar menos de un minuto, hasta que quede hecha tortilla y de color tostado.

— Es la primera, sirve de prueba, y para ver si ha quedado muy gorda, sosa, la potencia del fuego etc... La idea es que quede bien finita y no muy salada.

— Hay que untar con el tocino de vez en cuando para que no se peguen.

— Ponemos una sobre otra.

— Hacemos hasta que terminemos la mezcla, y no creo que sobren muchas después.

— Disponemos una sobre otra y las tapamos, porque tanto fría como calientes están increíbles.

— Hay quien las come con canela, miel, crema, chocolate, rellenas de mermeladas, crema pastelera, crema catalana, o lo que a cada cocinillas se le ocurra.

Arroz con leche

INGREDIENTES

- 110 gr. de arroz
- 1250 ml. de leche (unas 5 tazas)
- 1 rama de canela
- ½ cucharada de canela por persona
- 5 cucharadas de azúcar por persona

- Un buen chorro de nata para montar
- 6 cucharadas de azúcar por persona
- Un trozo de cáscara de limón y la mitad o menos de naranja
- Leche, azúcar y sal

ELABORACIÓN

— La receta más extendida consiste en cocerlo directamente en la leche infusionada. Otra opción sería cocer el arroz en abundante agua durante 2-3 minutos a fuego fuerte. La idea es quitarle el almidón pero esto podemos conseguirlo lavando el arroz varias veces en agua fría.

— En una olla llevamos la leche a ebullición junto con la canela en rama, y una cucharadita rasa de canela en polvo (no mucho más que oscurece el arroz) las cáscaras de cítricos y un par de cucharadas de azúcar.

— Una vez en ebullición y a fuego fuerte añadimos el arroz escurrido, bajamos el fuego mientras removemos bien y tapamos. Debemos dejarlo a fuego medio-bajo durante unos 25 minutos comprobando de vez en cuando que no se pegue y que no le falte mucho.

— Ojo no remuevas demasiado que se puede pegar, y baja el fuego si aprecias que es por este motivo.

— Opcionalmente, antes de que se pase, retiramos del fuego y agregamos un buen chorro de nata de montar y removemos.

— Dejamos que se enfríe y lo dejamos en la nevera hasta que queramos servirlo.

— Hay quien lo adorna con canela en polvo, con un trozo de limón y de canela en rama, con azúcar quemado que da un toque crujiente increíble. Eso al gusto.

Crema catalana

INGREDIENTES

- 1 litro y un vaso de leche
- 8 yemas de huevo
- 200 gr. de azúcar y algo más para hacer la cremat

- 80 gr. de almidón de maíz
- Una cáscara de limón sin lo blanco
- Una rama de canela

🍲 ELABORACIÓN

— Removiendo de vez en cuando; calentamos la leche con la canela y la cáscara de limón cortada en trozos; antes de llegar a ebullición apagamos el fuego y lo dejamos reposar.

— Volvemos a calentar la leche con la cáscara y la canela y la colamos bien.

— En un poco de la leche anterior, colada claro, diluimos el almidón de maíz.

— En este momento usaría la batidora, el robot o procesador, lo que digas tú.

— Batimos las yemas de los huevos con una pizca de sal y vamos integrando con el almidón diluido y con el azúcar.

— En una olla, o en el anterior recipiente si es que cupiera, vamos integrando la leche colada con la mezcla de los huevos con el almidón y el azúcar.

— Llevamos al fuego y vamos calentando a fuego medio mientras removemos. Tendremos que mover siempre en el mismo sentido fijándonos que no se pegue al fondo. No debe de hervir jamás porque cuajaría, formaría grumos y ojo que el fondo se agarra y se estropea todo.

— No debemos dejar de remover nunca, ya queda poco.

— En cuanto empiece a espesar apagamos el fuego y seguimos removiendo fuera del calor durante 3-5 minutos.

— Vertemos la crema en los recipientes individuales.

137

— Dejamos enfriar y lo metemos en la nevera hasta que estén totalmente frías.

— Una vez fría echamos azúcar por encima, cubrimos bien de azúcar todas las raciones.

— Calentamos al rojo vivo una plancha redonda de hierro, aunque ya las hay eléctricas, y quemamos la superficie de azúcar.

— Yo solo tengo un soplete, pero es más llamativo ver cómo sale fuego al quemar el azúcar con la plancha de hierro al rojo vivo.

— Y ya las puedes comer con el caramelo súper-crujiente.

Tocino de cielo

Una receta con una historia ligada a las órdenes religiosas de la zona y a la elaboración del vino de Jerez.

INGREDIENTES

- 12 yemas de huevo
- 2 huevos enteros
- 500 gr. de azúcar

- ½ litro de agua
- Un poco más de azúcar para el caramelo

ELABORACIÓN

— Tendremos un molde caramelizado. O hacemos el caramelo o compramos uno de calidad.

— Las yemas las batiremos con los 2 huevos y sobre todo **las colaremos** para quitar impurezas y las reservamos.

— Si dejar de remover, llevamos a ebullición el agua con el azúcar.

- Bajamos el fuego a potencia media o menos, mientras seguimos removiendo hasta que densifique.
- Debe quedar como una miel, más o menos, pero transparente.
- Apartamos del fuego y, removiendo de vez en cuando, dejamos enfriar unos minutos.
- Atemperado el almíbar, añadimos las yemas poco a poco y removiendo.
- Integramos la mezcla y la repartimos en el molde.
- Lo ideal es poner el recipiente en el horno sobre otro con agua, al "baño María". Hornearemos precalentando a 200 grados durante 45 minutos aproximadamente.
- Tapamos con papel de aluminio, sin que toque el tocino de cielo, para que no se queme.
- Pasa saber si está cuajado metemos un palillo en el centro y si sale limpio está listo.
- Dejamos enfriar y cortamos en porciones.
- También se pueden hacer en moldes individuales, que tardarán algo menos.

Miel sobre hojuelas

Metáfora sobre una situación ideal y receta tradicional de Castilla La Mancha durante Carnaval y Semana Santa.

INGREDIENTES

- 300 gr. de harina
- ½ copita de anís dulce, unos 100 ml.
- 100 ml. de aceite de girasol
- Un chorrito de vino blanco

- 2 huevos
- Una pizca de sal
- Aceite en abundancia
- Miel

139

— Batimos los huevos y vamos incorporando primero el aceite, luego el chorrito de vino, el anís dulce y la harina poco a poco y vamos mezclando e integrando.

— Debe quedar con una densidad poco menor que la típica masa de pan.

— En una superficie enharinada, ayudándonos de las manos y de un rodillo extendemos la masa lo más fina posible.

— Tendremos aceite caliente en una sartén e iremos añadiendo trozos de láminas de masa y las doramos por los dos lados.

— Escurrimos y servimos con miel "derramada" en hilos sobre las hojuelas.

— Hay quien hace con esta receta algo similar a los pestiños: Diluir a fuego bajo la miel con agua hasta conseguir la densidad de un almíbar y bañar las hojuelas.

Cuajada

Para 1 litro, que calculo que serán 8 raciones.

🖅 INGREDIENTES

- Un litro de leche cruda o pasteurizada (no UHT) de oveja o cabra
- 10-15 gotas de cuajo de farmacia

- Una pizca de sal
- 4-8 cucharadas de miel

────────── 🍲 ELABORACIÓN ──────────

— En una cacerola, calentamos la leche a fuego medio.

— Una vez tome temperatura, que no podamos tocar la cacerola con la mano sin quemarnos, añadimos un poco de sal y removemos.

— Retiramos del fuego y dejamos atemperada la leche (que casi podamos tocar la cacerola sin quemarnos).

— Preparamos los moldes individuales para la cuajada y les añadimos a cada uno unas de gotas de cuajo (o unas pizcas de polvo) en cada molde y rellenar con la leche.

— Una vez atemperada la leche (pruébala con una cuchara y si no quema es el momento) vertemos la leche en cada molde. Tapamos los moldes, los dejamos enfriar y los metemos en la nevera.

— La miel es su compañero ideal.

Queso con membrillo

INGREDIENTES

- 5 lonchas de queso fuerte
- 2 litros de agua
- 2 kg. de membrillo

- 800 gr de azúcar
- Zumo de ½ limón

ELABORACIÓN

— Pelamos y quitamos las pepitas del membrillo y lo cortamos en dados. Lo reservamos en agua con limón

— En una cacerola llevamos a ebullición el membrillo junto con la cantidad de agua indicada.

— Una vez comience a hervir, bajamos el fuego al mínimo, tapamos y dejamos cocinar durante 30 minutos, removiendo de vez en cuando.

— Dejamos enfriar y lo servimos junto con el queso.

Tarta de queso

Para una tarta de unas 8 porciones

INGREDIENTES

- 4 huevos
- 600 gr. de queso en crema
- 150 gr de nata para cocinar
- 120 gr. de azúcar
- 100 gr. de harina de trigo
- 7 gr. de levadura química

- Una cucharadita rasa de esencia de vainilla
- Mantequilla para engrasar
- Un chorro de agua
- Una pizca de sal

ELABORACIÓN

— Bate las yemas al punto de nieve con un par de cucharadas de azúcar y una pizca de sal (el azúcar mejor al final). Reservamos.

— Diluimos la levadura en un chorro de agua y, en un recipiente adecuado, lo mezclamos con las yemas, la esencia de vainilla y con el resto del azúcar. Añadimos e integramos la nata y, a continuación, la crema de queso. Reservamos esta mezcla

— En un cuenco de dimensiones adecuadas (grande) añadimos las yemas que tenemos al punto de nieve y vamos integrando poco a poco y con movimientos circulares la mezcla anterior. Hay que tratar de no "romper" el aire que hay en las claras.

— Engrasamos un molde y lo rellenamos con la mezcla.

— Precalentamos a 180 grados, introducimos el molde en la parte media del horno y cocinamos durante 40 minutos.

— Una vez reposada y desmoldada, podemos decorar la tarta con mermelada y dejarla enfriar en la nevera.

Patrocinio

www.ingramcontent.com/pod-product-compliance
Lightning Source LLC
Chambersburg PA
CBHW021008090426
42738CB00007B/703